Autl

Ulricl
Micha
Henr\
Dr. Pe
Michael Rolf

MW01254358

100 IFRS Financial Ratios
indicadores financieros según IFRS

Diccionario
inglés / español

Primera edición, 2006

Observación:
El procedimiento de cálculo, comentarios e interpretaciones relativas a los distintos indicadores representan en parte la opinión personal de los autores. A pesar de una cuidadosa investigación y revisión de los contenidos, no es posible asumir una garantía o responsabilidad civil relativa a su corrección e integridad.

ISBN 978-3-938694-05-3

Author's preface

Dear readers,

the financial markets have always been influenced by the Anglo-Saxon culture. As a consequence of an increasing internationalization Anglicisms become more and more widespread in the daily business. Key words, such as EBIT, working capital or cash flow have become part of the daily business and understanding these ratios is an important prerequisite for discussing your company's performance.

Our book not only addresses the capital market, but also banks, auditors, tax accountants and especially small and mid-size businesses. It is meant to strengthen your know how with respect to financial ratios in the English language for being well-prepared for a globalized market.

For a better understanding we have added a sample calculation to each ratio's definition as well as the fields of application. A critical assessment of each financial ratio is explained by discussing both advantages and disadvantages. Please note that differences in the way of calculation may still exist, which you should be aware of.

When analyzing financial ratios, one should make sure to always compare the ratios relative to the peer-group and the industry standards, as otherwise an isolated number would have a very limited significance. Finally the key for successful research is to transfer comprehensive analysis of several indicators into a meaningful result. For this purpose the dictionary delivers a strong added value.

Your authors

E-mail us to: **ratios@cometis.de**

Prólogo de los autores

Estimados Lectores:

La utilización e interpretación de indicadores en la actividad económica cotidiana ha ido adquiriendo cada vez más importancia. Es por ello que inversores y quienes otorgan créditos examinan la evolución empresarial por medio de indicadores básicos, como p. ej. EBIT, Working Capital o Cash Flow a objeto de poder adoptar decisiones de inversión en el menor tiempo posible. ¿Pero qué se oculta detrás de estos indicadores? ¿Cuál es su significación informativa y porqué son adecuados para el análisis de las empresas?

El libro „100 indicadores financieros según IFRS" presenta los principales indicadores de forma clara y concisa. Está dirigido a directores y gerentes, asistentes de management y expertos en financiación, así como también a bancos, auditores, asesores fiscales, periodistas económicos y estudiantes, y le ayudará a intensificar sus conocimientos sobre indicadores financieros y a prepararse de forma óptima para el diálogo con entidades crediticias o inversores.

Junto a la correspondiente definición de cada indicador, su cálculo se ilustra por medio de un ejemplo numérico, presentándose además los correspondientes campos de aplicación. A su vez, mediante una confrontación de las principales ventajas y desventajas, cada indicador es sometido a un análisis crítico. A este respecto le rogamos tener presente que, en el cálculo de indicadores, es perfectamente posible que hayan diferencias a nivel internacional. Igualmente le rogamos considerar que la traducción del original alemán al español se orienta en la terminología contable española.

Al trabajar con indicadores, es importante no considerarlos nunca aisladamente, sino siempre considerando el curso del tiempo y la relación hacia las empresas del Peer-Group o bien en función de las peculiaridades del ramo específico. Y en último término es el análisis interrelacional de varios indicadores la clave para llegar, a través de éstos, a un resultado de real significación informativa. Para ello, esta obra de consulta le prestará una valiosa ayuda.

Cordialmente

Los Autores

P.S. Contacte con nosotros vía e-mail: **ratios@cometis.de**

How to use the booklet

All financial ratios described in this book have the following structure:

- Formula
- Sample calculation based on an exemplary annual report
- Explanation
- Advantages and disadvantages

The description of each financial ratio can be found in English language on the left-hand side, and on the opposite side the corresponding French translation.

Each description was thoroughly researched. Thus for each ratio we have used the formula which is regularly used in existing literature. Nevertheless there are different approaches for calculating a financial ratio (depending on the complexity), of which the user of this handbook should be aware when discussing with fund managers, auditors, bankers or rating experts.

Most of the sample calculations are based upon the year 2 of the exemplary annual report (IFRS) in chapter one (Balance Sheet, Profit & Loss, Cash Flow Statement). Information, which is necessary for the calculation but at the same time not part of the annual report can be found on page 22, section »Additional information«.

The corresponding explanation sheds light on the composition of each ratio and its usefulness as an indicator for analyzing the company's performance. It is also explained which other ratios should be considered at the same time for making reasonable judgments of a company's economic situation. The advantages and disadvantages help the reader to question the whole purpose of a financial ratio, independent of the actual outcome.

Please be aware that due to the wide range of information available in the market, neither the form nor the extent of each financial ratio is exhaustive.

Advertencias útiles para el manejo del manual

Los indicadores descritos poseen la siguiente estructura:

- Fórmula
- Ejemplo de cálculo sobre la base de un ejemplo de cuenta anual
- Comentario
- Ventajas y desventajas

Todos los indicadores presentados en este libro fueron objeto de una cuidadosa investigación, empleándose para cada uno de ellos la fórmula normalmente usada tanto en la práctica como en la literatura especializada. Sin embargo, el lector de esta obra debiera tener presente, al conversar con gestores de fondos de inversión, auditores, bancos o expertos en Ratings que, para el cálculo de los distintos indicadores, hay una diversidad de expresiones (según el grado de complejidad).

Cada uno de los ejemplos de cálculo se basa normalmente en los datos del ejercicio 2 del ejemplo de cuenta anual según IFRS presentado en el capítulo 1 (balance de situación, cuenta de pérdidas y ganancias así como estado de flujos de efectivo). Aquellas informaciones no contenidas en la cuenta anual, pero necesarias para el desarrollo de los ejemplos de cálculo, se encuentran también en el capítulo 1, en la pág. 23, bajo "Información adicional".

En los comentarios se proporciona información sobre la obtención de los respectivos indicadores y su significación informativa intrínseca o en conexión con otros indicadores, como base para una acabada interpretación de la situación de la empresa. La descripción de las ventajas y desventajas otorga al lector la posibilidad de realizar un análisis crítico de cada indicador, independientemente del resultado del ejemplo de cálculo, así como de cuestionar el objetivo y sentido de los resultados.

Debido a la gran cantidad de información disponible, deberá observarse que ni en la forma y extensión, ni en el contenido de los distintos indicadores se ha pretendido lograr una absoluta compleción.

Table of content / Índice de materias

Table of content / Índice de materias

Table of content / Índice de materias

Table of content / Índice de materias

Chapter / Capítulo 1

Exemplary annual report /
Ejemplificación de cuentas anuales

1.1   Income statement

in million EUR

Income statement	Year 2	Year 1
Sales	**14,019**	**14,226**
Cost of sales	5,004	5,178
Gross profit	**9,015**	**9,048**
Marketing and distribution costs	6,279	6,294
Research and development costs	300	279
Administrative expenses	753	780
Amortization of goodwill	90	90
Other operating income	294	288
Other operating expenses	435	477
Operating profit (EBIT)	**1,452**	**1,416**
Interest income	66	78
Interest expense	(12)	(27)
Other financial income and expenses	(9)	(33)
Earnings before tax (EBT)	**1,497**	**1,434**
Taxes	(594)	(564)
Minority interest	(21)	(21)
Net income	**882**	**849**

1.1 Cuenta de pérdidas y ganancias

en mill. de EUR

Cuenta de pérdidas y ganancias	Ejercicio 2	Ejercicio 1
Ventas y prestaciones de servicios	**14.019**	**14.226**
Costes por concepto de ventas y prestaciones de servicio	5.004	5.178
Resultado bruto	**9.015**	**9.048**
Costes de marketing y distribución y ventas	6.279	6.294
Costes de investigación y desarrollo	300	279
Costes generales de administración	753	780
Depreciaciones por concepto de Goodwill	90	90
Otros ingresos de explotación	294	288
Otros gastos de explotación	435	477
Resultado de la explotación (EBIT)	**1.452**	**1.416**
Ingresos por concepto de intereses	66	78
Gastos por concepto de intereses	− 12	− 27
Restantes ingresos y gastos financieros	− 9	− 33
Resultado antes de impuestos (EBT)	**1.497**	**1.434**
Impuestos	− 594	− 564
Minoritarios	− 21	− 21
Excedente del ejercicio	**882**	**849**

1.2   Balance sheet

in million EUR

Balance sheet - Assets	Year 2	Year 1
Intangible assets	291	384
Property, plant and equipment	2,736	2,751
Financial assets	66	66
Fixed assets	**3,093**	**3,201**
Inventories	2,016	2,031
Trade receivables	2,064	2,025
Other receivables and assets	282	330
Cash and cash equivalents	2,526	2,166
Current assets	**6,888**	**6,552**
Deferred taxes	84	66
Prepaid expenses and deferred charges	69	75
Total assets	**10,134**	**9,894**

1.2 Balance de situación

Balance de situación - Activo	Ejercicio 2	Ejercicio 1
Inmovilizado inmaterial	291	384
Inmovilizado material	2.736	2.751
Inmovilizado financiero	66	66
Inmovilizado	**3.093**	**3.201**
Existencias	2.016	2.031
Deudores por suministros y prestaciones	2.064	2.025
Otros deudores y elementos patrimoniales del activo	282	330
Valores y medios líquidos	2.526	2.166
Activo circulante	**6.888**	**6.552**
Impuestos latentes	84	66
Ajustes por periodificación	69	75
Total activo	**10.134**	**9.894**

1.2 Balance sheet

in million EUR

Balance sheet - Equity and liabilities	Year 2	Year 1
Share capital	645	645
Capital reserves	141	141
Retained earnings	3,789	3,486
Net income	882	849
Shareholders' equity	**5,457**	**5,121**
Minorities	36	60
Total equity	**5,493**	**5,181**
Pension provisions	1,140	1,191
Other provisions	1,437	1,533
Total provisions	**2,577**	**2,724**
Long-term debt	288	288
Trade payables	909	879
Other liabilities	468	444
Total liabilities	**1,665**	**1,611**
Deferred taxes	372	357
Deferred income	27	21
Total shareholders' equity and liabilities	**10,134**	**9,894**

1.2   Balance de situación

Balance de situación - Pasivo	Ejercicio 2	Ejercicio 1
Capital social	645	645
Reservas de capital	141	141
Reservas por ganancias	3.789	3.486
Excedente del ejercicio	882	849
Participación de los socios	**5.457**	**5.121**
Minoritarios	36	60
Capital propio	**5.493**	**5.181**
Provisiones para pensiones	1.140	1.191
Otras provisiones	1.437	1.533
Provisiones	**2.577**	**2.724**
Obligaciones financieras	288	288
Obligaciones por suministros y prestaciones	909	879
Otras obligaciones	468	444
Obligaciones	**1.665**	**1.611**
Impuestos latentes	372	357
Ajustes por periodificación	27	21
Total pasivo	**10.134**	**9.894**

1.3 Cash flow statement

in million EUR

Cash flow statement	Year 2	Year 1
EBIT	**1,452**	**1,416**
Taxes	(711)	(567)
Depreciation and amortization	492	483
Change in long-term provisions (excl. interest)	(33)	(12)
Profit/loss on disposal of non-current assets	3	3
Change in inventories	15	81
Change in trade receivables and other assets	(27)	(138)
Change in liabilities and short-term provisions	57	(90)
Cash flow from operating activities	**1,248**	**1,176**
Payments for non-current assets	(507)	(726)
Proceeds on disposal of non-current assets	33	45
Proceeds on interest, dividends and other financial income	150	120
Cash flow from investing activities	**(324)**	**(561)**
Dividends paid	(354)	(327)
Change in long-term liabilities	0	(99)
Interest and other financial expense	(141)	(126)
Cash flow from financing activities	**(495)**	**(552)**
Foreign exchange rate effects	(69)	(39)
Change in cash and cash equivalents	**360**	**24**
Cash and cash equivalents, beginning of year	2,166	2,142
Cash and cash equivalents, end of year	2,526	2,166

1.3 Estado de flujos de efectivo

en mill. de EUR

Estado de flujos de efectivo	Ejercicio 2	Ejercicio 1
EBIT	**1.452**	**1.416**
Impuestos	− 711	− 567
Depreciaciones del inmovilizado inmaterial y material	492	483
Variación de las provisiones de largo plazo (sin intereses)	− 33	− 12
Ganancia/pérdida por reducción de inmovilizado materíal	3	3
Variación de existencias	15	81
Variación de deudores por suministros y prestaciones y otros elementos patrimoniales del activo	− 27	− 138
Variación de obligaciones y provisiones a corto plazo	57	− 90
Cash Flow por actividad operativa	**1.248**	**1.176**
Pagos por inversiones en el inmovilizado	− 507	− 726
Cobros por reducciones de elementos patrimoniales del inmovilizado	33	45
Cobros por intereses, dividendos y otros ingresos financieros	150	120
Cash Flow por actividad inversora	**− 324**	**− 561**
Dividendos repartidos	− 354	− 327
Variación de las obligaciones financieras	0	− 99
Gastos por concepto de intereses y otros gastos financieros	− 141	− 126
Cash Flow por actividad financiera	**− 495**	**− 552**
Variación de la disponibilidad de medios financieros debida a cotización cambiaria	− 69	− 39
Variación de la disponibilidad de medios financieros	**360**	**24**
Medios líquidos/valores, 01.01.	2.166	2.142
Medios líquidos/valores, 31.12.	2.526	2.166

1.4 Additional information

No. of common shares outstanding	354.0 mn
No. of preferred shares outstanding	-
Current share price	35.00 EUR
Dividend per share	1.00 EUR
Personnel expenses	2,453 mn
Full-time employees	46,000

Capitalized R&D:
   Year 1
   Year 2
	
	500 mn
	550 mn

Accumulated depreciation	2,650 mn
Compounded average growth rate (CAGR)	10 %
Company rating / Corporate bond spread	AA / 0.3 %
Risk-free interest rate	4.5 %
Market risk premium	3.5 %

1.4 Información adicional

Acciones ordinarias en mercado	354 mill.de unidades
Acciones preferentes en mercado	0
Curso actual de las acciones	35,00 EUR
Dividendo por acción ordinaria y preferente	1,00 EUR
Gastos de personal	2.453 mill. EUR
Trabajadores de jornada completa	46.000
Costes de investigación y desarrollo capitalizados Ejercicio 1 Ejercicio 2	500 mill. EUR 550 mill. EUR
Depreciaciones acumuladas	2.650 mill. EUR
Tasa de crecimiento promedio (CAGR)	10 %
Rating/Corporate bond spread	AA/0,3 %
Tipo de interés exento de riesgo	4,5 %
Prima por riesgo de mercado	3,5 %

Chapter / Capítulo 2

Income statement ratios/
Indicadores relativos a la cuenta
de pérdidas y ganancias

2.1   EBIT

Formula	**Sample calculation**
Net income	882
± Extraordinary items	0
+ Minority interest	21
+ Taxes	594
± Financial result	(45)
= EBIT	**= 1,452**

Explanation

EBIT stands for »earnings before interest and taxes«. In the US the ratio is also known as operating income / operating profit. It is generally used to assess the company's earnings position, in particular in international comparisons. However, EBIT is not only pure earnings before interest and taxes as it is referred to by many people, but in more precise terms it is the operating result before the financial and thus investment result, which may have a major impact on the pre-tax earnings depending on the respective company. EBIT can also be calculated by subtracting total operating expenses from sales (incl. other operating income).

Advantages	**Disadvantages**
• Allows assumptions to be made about pure operating activities	• Only meaningful when considered together with other indicators (e.g., revenues)
• Industry-wide comparisons of operating income are possible, in particular when other ratios are also considered (e.g., revenues)	• Interest income, which may not be included in EBIT, can be part of operating income (income from financing activities, e.g., financing installments)
• Distortions from tax effects are not included	
• Used internationally	• Income which may not stem from the operating activities may also be included in this figure (rental income)

2.1   EBIT

Fórmula	**Ejemplo de cálculo**
Excedente del ejercicio	882
± resultado extraordinario	0
+ minoritarios	21
+ impuestos	594
± resultado financiero	− 45
= EBIT	**= 1.452**

Comentario

EBIT es la sigla de "Earnings before interest and taxes". En los EE.UU. recibe la designación "Operating income". A este resultado operativo antes de intereses e impuestos se recurre normalmente para apreciar la situación de los ingresos de las empresas, en especial para efectuar comparaciones a nivel internacional. Sin embargo, a diferencia de la acepción generalmente considerada, EBIT no sólo es el resultado neto antes de intereses e impuestos, sino que, dicho con mayor precisión, es el resultado operativo antes del resultado financiero, y con ello el resultado de la participación, lo que, según cuál sea la empresa específica, puede ejercer gran influencia sobre las ganancias antes de impuestos. Alternativamente, EBIT puede también calcularse restando todos los costes operativos de las ventas y prestaciones de servicios (incluyendo otros ingresos de la explotación).

Ventajas	**Desventajas**
• Permite obtener conclusiones sobre el negocio operativo neto	• Posee contenido informativo sólo en conjunción con otros indicadores (p. ej. ventas y prestaciones de servicio)
• Especialmente con el apoyo de otros indicadores (p. ej. ventas y prestaciones de servicio) resulta posible la comparación a nivel industrial de los resultados operativos	• Ingresos por intereses no considerados en el EBIT (ingresos por actividad financiera, p. ej. financiación por otorgamiento de plazos) pueden también ser parte de los ingresos operativos
• Distorsiones derivadas de los impuestos no son consideradas	• Eventualmente pueden haber ingresos que, sin pertenecer al campo de actividades propio (ingresos por arriendo), están incluidos
• Encuentra aplicación internacional	

2.2 EBITDA

Formula	Sample calculation
Net income	882
± Extraordinary items	0
+ Minority interest	21
+ Taxes	594
± Financial result	(45)
+ Depreciation and amortization	492
= EBITDA	**= 1,944**

Explanation

EBITDA stands for »earnings before interest, taxes, depreciation and amortization«. These earnings before interest, taxes, depreciation of tangible assets and amortization of intangible assets (in particular goodwill) are cash flow like, as the write-downs not reflected in liquidity are added to the operating income in a similar manner to calculations for the indirect cash flow. EBITDA is often used as an indicator for young, high-growth companies or for companies with exceptionally high write-down requirements – these companies may also generate negative net income. Alternatively EBITDA may be calculated by subtracting total operating expenses from sales (incl. other operating income) and adding depreciation and amortization for the period.

Advantages	Disadvantages
• The impact of various forms of financing is not considered (may not apply to leasing)	• Only truly meaningful together with other indicators (e.g., EV / EBITDA)
• Write-downs have no impact	• Cross-industry comparisons are difficult
• Can be used as approximation of cash flow	• Income which cannot be directly allocated to pure operating activities (rental income) is included in the calculation
• Makes international comparison more simple, as national taxes are not included	

2.2 EBITDA

Fórmula	**Ejemplo de cálculo**
Excedente del ejercicio	882
± resultado extraordinario	0
+ minoritarios	21
+ impuestos	594
± resultado financiero	– 45
+ depreciaciones	492
= EBITDA	**= 1.944**

Comentario

EBITDA es la sigla de "Earnings before interest, taxes, depreciation and amortization". Este resultado antes de intereses, impuestos, depreciaciones sobre el inmovilizado material y amortización de elementos del activo inmaterial tiene carácter de Cash Flow, dado que las depreciaciones, que no afectan la liquidez, son añadidas al excedente del ejercicio en forma similar al caso del cálculo indirecto del Cash Flow. El EBITDA se utiliza frecuentemente como indicador para empresas jóvenes de fuerte crecimiento o bien para empresas con una necesidad de depreciación extraordinariamente alta que eventualmente pueden presentar excedentes del ejercicio negativos. El EBITDA se puede también calcular restando de las ventas y prestaciones de servicios (incl. otros ingresos de la explotación) todos los costes operativos y sumando las depreciaciones.

Ventajas	**Desventajas**
• Los efectos producidos por formas de financiación diferentes quedan fuera de consideración (eventualmente esto no es válido para Leasing)	• Posee contenido realmente informativo sólo en conjunción con otros indicadores (p. ej. EV/EBITDA)
• Libre del efecto de las depreciaciones	• Poco apto para comparaciones que rebasen el ámbito industrial
• Sirve como aproximación del Cash Flow	• Ingresos que no pueden ser directamente asignados a la actividad puramente operativa (ingresos por arriendo) están incluidos en el cálculo
• Simplifica las comparaciones internacionales, dado que los impuestos nacionales no son considerados	

2.3   Earnings before taxes

Formula	Sample calculation
Net income	882
± Extraordinary items	0
+ Minority interest	21
+ Taxes	594
= Earnings before taxes (EBT)	**= 1,497**

Explanation

Earnings before taxes (or income/profit before taxes) is used as a comparative indicator for a company's earnings power in international comparisons, as income taxes are not taken into account. However, income before taxes does include financing costs, which are also subject to national tax laws and income from the disposal of assets. This in turn does restrict international comparability. Income before taxes is an indicator often used in particular in conjunction with revenues (pre-tax margin).

Advantages	Disadvantages
• Different tax regulations in various countries do not have any impact	• Only meaningful if other indicators are also considered (e.g., revenues)
• Costs of capital are, in part, not considered	• Can vary strongly over time
• Interest income which forms part of operating income (financing income) is considered	• International comparison is difficult due to the major impact of national accounting regulations reflected in this figure

2.3 Resultado antes de impuestos (EBT)

Fórmula	Ejemplo de cálculo
Excedente del ejercicio	882
± resultado extraordinario	0
+ minoritarios	21
+ impuestos	594
= Resultado antes de impuesto (EBT)	**= 1.497**

Comentario

El resultado antes de impuestos (o EBT: Earnings before taxes) sirve como indicador comparativo a nivel internacional en relación con la capacidad de generación de beneficios de las empresas, dado que los impuestos sobre los ingresos/ganancias no son considerados. Sin embargo, el resultado antes de impuestos contiene ya costes de financiación, también sujetos a las leyes tributarias nacionales así como ingresos producto de la venta de elementos patrimoniales del activo, lo que limita la comparabilidad internacional.

El resultado antes de impuestos es un indicador frecuentemente aplicado, especialmente en conjunción con ventas y prestación de servicios (margen antes de impuestos).

Ventajas	Desventajas
• No hay influencia de las diferentes legislaciones tributarias nacionales	• De alta significación informativa sólo bajo consideración de otros indicadores (p. ej. ventas y prestaciones de servicios)
• Los costes de capital son considerados en parte	• Puede sufrir fuertes variaciones en el curso del tiempo
• Ingresos por intereses que son parte de los ingresos operativos (ingresos por financiación) son considerados	• Comparación internacional difícil, debido a la gran influencia de normativas nacionales de balances que afectan a este valor

2.4 Net income

Formula   **Sample calculation**

Sales	14,019
+ Other operating income	294
− Total operating expenses	(12,861)
± Financial result	45
− Taxes	(594)
− Minority interest	(21)
± Extraordinary items	0
= Net income	**= 882**

Explanation

Net income is the positive (otherwise: net loss) difference between income and expenses in the period under review and is thus the bottom line of the income statement. It shows a corporation's income for a period. When calculating this figure profits or losses carried forward and additions to or withdrawals from open reserves are not considered. Net income is the initial figure for calculating other important ratios such as earnings per share, return on equity or return on sales.

Advantages	Disadvantages
• Future estimates for listed companies are available (in particular based on earnings per share, if necessary after adjustment)	• International comparison not possible
	• Net income for the year is subject to the greatest possible accounting discretion, which in turn affects all indicators linked to net income
• Intuitive	
• Taxes and thus concrete expenses are considered	• Net income is not as meaningful as the cash flow

2.4   Excedente del ejercicio (ganancia)

Fórmula   **Ejemplo de cálculo**

	Ventas y prestaciones de servicio	14.019
+	otros ingresos de explotación	294
−	costes operativos	− 12.861
±	resultado financiero	45
−	impuestos	− 594
−	minoritarios	− 21
±	resultado extraordinario	0
= Excedente del ejercicio		**= 882**

Comentario

El excedente del ejercicio es la diferencia positiva (de lo contrario: pérdida del ejercicio) entre ingresos y gastos del período considerado y corresponde por consiguiente al resultado final de la cuenta de pérdidas y ganancias y representa así el éxito de una sociedad mercantil en el período. En su determinación no se consideran, el remanente del ejercicio, traslados de pérdidas a ejercicios futuros así como retiradas/adiciones de/a reservas expresas. El excedente del ejercicio es a su vez una magnitud fundamental para el cálculo de importantes indicadores, como p. ej. las ganancias por acción o el rendimiento del capital propio así como de ventas y prestaciones de servicio.

Ventajas	Desventajas
• Disponibilidad de estimaciones sobre futuro de sociedades cotizadas en bolsa (especialmente referidas a la ganancia por acción, eventualmente después de ajuste)	• No permite comparación internacional
• Comprensible intuitivamente	• El excedente del ejercicio está sujeto a la mayor discreción posible de políticas de balance, lo cual afecta a su vez a todos los indicadores relacionados con el excedente del ejercicio
• Considera los impuestos y con ello el gasto concreto	• El excedente del ejercicio posee menos significación informativa que el Cash Flow

2.5 Financial result

Interest income	66
+ Interest expense	(12)
± Write-downs/write-ups for financial assets	0
± Write-downs/write-ups for marketable securities	0
+ Other financial income and expenses	(9)
= Financial result	**= 45**

Explanation

The financial result is the difference between EBIT and EBT. For most industrial companies the financial result is negative, as the interest charged on borrowing generally exceeds income from investments (dividends). If a company records a positive financial result over several periods, then we must ask how much capital is invested at which interest rate, and if this capital would not bear a greater yield if it were invested in the company's growth. From an investor's perspective, a constant, positive financial result also raises the issue of a special distribution to shareholders.

Advantages	Disadvantages
• The financial result provides information about financing costs • Information may be gained about non-consolidated companies	• The financial result may include operating components (income from financing activities) • Investment income as a component of the financial result does not provide any information on the risk inherent in this investment • May vary strongly over time

2.5 Resultado financiero

Fórmula	Ejemplo de cálculo
Ingresos por intereses	66
+ gastos por intereses	– 12
± depreciaciones/supervaloración sobre inmovilizado financiero	0
± depreciaciones/supervaloración sobre valores a corto plazo	0
+ otros ingresos y gastos financieros	– 9
= Resultado financiero	**= 45**

Comentario

El resultado financiero es la diferencia entre EBIT y EBT. Para la mayor parte de las empresas industriales, el resultado financiero es negativo, dado que los intereses por concepto de capital ajeno asumido, normalmente superan los ingresos por intereses y participaciones (dividendos). Si el resultado financiero de una empresa a lo largo de varios períodos es positivo, habrá de examinarse qué capital está invertido a qué tipo de interés y si su rendimiento no sería mayor, si se lo invirtiera en el crecimiento de la propia empresa. Desde el punto de vista del inversor, ante un resultado financiero positivo constante, se plantea la interrogante de efectuar o no una repartición extraordinaria de acciones.

Ventajas	Desventajas
• Permite obtener conclusiones sobre los costes de financiación	• El resultado financiero puede incluir componentes operativos (resultado de actividades financieras)
• Permite obtener indicaciones sobre empresas no consolidadas	• El resultado de las participaciones como parte del resultado financiero no permite concluir cuál es el riesgo de dichas participaciones
	• Puede variar considerablemente con el curso del tiempo

2.6 Net operating profit after taxes (NOPAT)

Formula   **Sample calculation**

EBIT	1,452
+ Amortization of intangible assets	90
+ Δ Provisions	(147)
− Operating taxes	(594)
+ Interest on leasing expense	0
+ Δ Capitalized R&D expense	50
= NOPAT	**= 851**

Explanation

NOPAT stands for net operating profit after taxes, and shows which profit the company would achieve in the event of pure equity financing. This means that NOPAT is an alternative way to measure operating success for every company which uses the leverage effect of debt capital.

In contrast to EBIT, NOPAT does not take into account the tax savings which a company generates as a result of high debt.

Advantages	Disadvantages
• Independent of type of financing	• Large number of adjustments possible
• Considers the pure operating result	• Based on accounting material, is thus less precise than cash flows as accounting standards come into play
• Taxes are taken into account as an expense	
• Leasing financing is generally adjusted	

2.6   Net operating profit after taxes (NOPAT)

Fórmula

Ejemplo de cálculo

EBIT	1.452
+ depreciaciones de inmovilizado inmaterial	90
+ Δ provisiones	− 147
− impuestos operativos	− 594
+ intereses por gastos de leasing	0
+ Δ gastos de I + D capitalizados	50
= NOPAT	**= 851**

Comentario

NOPAT es la ganancia neta operativa después de impuestos y describe el beneficio que la empresa obtendría en el caso de una financiación basada sólo en capital propio. Por ello, para toda empresa que aproveche el efecto de palanca del capital ajeno, el NOPAT constituye una alternativa para la medición del éxito operativo.

A diferencia del EBIT, el NOPAT no considera las economías tributarias que logra una empresa como consecuencia de un alto endeudamiento.

Ventajas	**Desventajas**
• Es independiente de la forma de financiación	• Permite gran cantidad de ajustes
• Considera el resultado operativo neto	• Se basa sobre material de rendición de cuentas y es por tanto menos exacto que los Cash Flows, dado que deben ser consideradas las prescripciones de rendición de cuentas
• Los impuestos son considerados como gastos	
• Las financiaciones por Leasing son normalmente ajustadas	

2.7   Tax rate

Formula

$$\frac{\text{Income taxes}}{\text{Earnings before taxes}} \times 100\%$$

Sample calculation

$$\frac{594}{1,497} \times 100\% = \mathbf{39.68\%}$$

Explanation

The tax rate describes the relationship between income taxes and income before taxes, in order to show the relative impact on earnings from taxation. In the global economy, the tax rate is often a key criterion when companies chose where to locate. The tax rate is, in turn, closely linked to calculating the cost of debt, as the tax shield from borrowing interest must be taken into account.

Advantages	Disadvantages
• Pertinent for use in national comparisons	• May fluctuate heavily over time
• A reasonable indicator for a company's future tax rates in relatively stable tax systems	• Losses carried forward and tax provisions make forecasting of actual future tax expense difficult
• Shows actual expense	• In the case of international groups, it is hardly possible to analytically derive future tax payments due to the immense complexity

2.7   Cuota impositiva

Fórmula

$$\frac{\text{Impuestos}}{\text{resultado antes de impuestos (EBT)}} \times 100\ \%$$

Ejemplo de cálculo

$$\frac{594}{1.497} \times 100\ \% = \mathbf{39{,}68\ \%}$$

Comentario

La cuota impositiva representa la relación existente entre los impuestos sobre los beneficios y el resultado antes de impuestos y con ello refleja la carga relativa que sobre el resultado implica la tributación. En el mundo económico globalizado, esta cuota es frecuentemente un importante criterio para la adopción de decisiones sobre emplazamiento industrial. A su vez, la cuota impositiva está en estrecha relación con la determinación de los costes de capital ajeno, dado que el efecto del impuesto en relación con los intereses por capital ajeno, tiene que ser considerado.

Ventajas	Desventajas
• Adecuada para comparaciones a nivel nacional	• Puede sufrir fuertes variaciones en el curso del tiempo
• Tratándose de sistemas impositivos relativamente estables es un indicador apropiado de las futuras cuotas impositivas de una empresa	• Los traslados de pérdidas a ejercicios futuros así como las provisiones por impuestos dificultan un pronóstico de los efectivos gastos por impuestos del futuro
• Representa la real magnitud de los gastos	• En el caso de grupos internacionales resulta por su enorme complejidad prácticamente imposible deducir analíticamente los futuros pagos de impuestos

2.8   R&D cost ratio

Formula

$$\frac{\text{Research \& Development costs}}{\text{Sales}} \times 100\,\%$$

Sample calculation

$$\frac{300}{14{,}019} \times 100\,\% = \textbf{2.14\,\%}$$

Explanation

The R&D cost ratio shows what proportion of total sales the company reinvests in research and development (R&D). As a rule, companies that work in research-intensive sectors such as pharmaceuticals or biotechnology, and whose success depends on product innovations, have higher research cost ratios. Increases to the ratio are generally linked to increased R&D investment, however they can also be caused by a slump in sales. A reduction in the research cost ratio can generally be put down to a reduction in research activities, however it may also be linked to increases in productivity and thus lower costs.

Advantages	Disadvantages
• Allows conclusions to be made about research efficiency	• Can sometimes not be clearly identified from the income statement
• Offers starting points for reviewing competitive ability	• R&D costs cannot be clearly calculated (classification)
• Used in company comparisons	• Varying R&D costs may be simpler than in other cost blocks and is used to keep to profit targets (consequence: variations in profit quality)

2.8 Cuota de costes de investigación y desarrollo

Fórmula

$$\frac{\text{Costes de investigación y desarrollo}}{\text{ventas y prestaciones de servicio}} \times 100\ \%$$

Ejemplo de cálculo

$$\frac{300}{14.019} \times 100\ \% = \textbf{2,14 \%}$$

Comentario

La cuota de costes de I + D muestra la proporción de los ingresos de ventas y prestaciones de servicio que la empresa reinvierte en investigación y desarrollo. Por lo general tienen mayores cuotas de costes de I + D las empresas que desarrollan sus actividades en sectores de intensa investigación y desarrollo y cuyo éxito depende del carácter innovador de sus productos, tal como sucede p. ej. en los sectores de farmacia y biotecnología. Normalmente, un aumento de la cuota va unido a una mayor intensidad de las inversiones en I + D, pero puede tener también su origen en bajas de ventas y prestaciones de servicio. Una disminución del valor de la cuota de costes de I + D puede normalmente interpretarse como reducción de la actividad de I + D, pero puede p. ej. estar también relacionada con un aumento de la productividad y la correspondiente disminución de los costes.

Ventajas	Desventajas
• Permite obtener conclusiones sobre la eficiencia de I + D	• Frecuentemente no se puede identificar con claridad sobre la base de la cuenta de pérdidas y ganancias
• Proporciona puntos de referencia sobre la competitividad	• Los costes de I + D no pueden ser determinados inequívocamente (asignación)
• Sirve para la comparación de empresas	• La variación de los costes de I + D puede eventualmente ser más sencilla que la de otros bloques de costes, y se utiliza para cumplir objetivos de ganancias (consecuencia: variación de la calidad de las ganancias)

2.9   Cost of sales to total operating expense

Formula

$$\frac{\text{Cost of sales}}{\text{Total operating expense}} \times 100\%$$

Sample calculation

$$\frac{5,004}{12,861} \times 100\% = \mathbf{38.90\%}$$

Explanation

The ratio of cost of sales to total operating expense describes the economy of material use, which is directly linked to generating revenues. When interpreting this indicator, changes in procurement prices (e.g., raw materials) and changed warehousing must be taken into account. Moreover, the ratio should be compared to total sales.

The higher the ratio of cost of sales to total operating expense, the stronger the impact a reduction in this indicator would be on the company's earnings. This can be achieved, for example, by relocating purchasing to regions with a lower cost structure or by exploiting currency advantages. This ratio should always be considered in conjunction with product quality, i.e., companies should not aim to reduce the ratio at any expense.

Advantages	Disadvantages
• Good indicator for competitive comparisons	• Highly industry dependent
• Indicates productivity (in combination with ratio of personnel expense to total operating expense)	• Dependent on procurement market
• Key indicator, as cost of sales is generally one of the company's largest expense items	

2.9 Razón de costes de ventas y prestaciones de servicio a costes totales

Fórmula

$$\frac{\text{Costes de ventas y prestaciones de servicio}}{\text{costes totales}} \times 100\ \%$$

Ejemplo de cálculo

$$\frac{5.004}{12.861} \times 100\ \% = \textbf{38,90 \%}$$

Comentario

La razón de costes de ventas y prestaciones de servicio a costes totales indica la eficiencia económica con la cual, respecto de los costes totales, se están empleando los materiales y prestaciones que conducen directamente a ingresos por ventas y prestaciones de servicio. Al analizar este indicador deberán sin embargo considerarse variaciones en los costes de adquisición (p. ej. materias primas) y de almacenamiento. También debería considerarse este indicador en relación con la evolución de los ingresos por ventas y prestaciones de servicio (cuota de costes de ventas y prestaciones de servicio).

Mientras mayor sea la participación de los costes de ventas y prestaciones de servicio en los costes totales, mayor será la influencia que una variación de este indicador tendrá sobre las ganancias de la empresa. Esto se puede conseguir p. ej. mediante un traslado de las plantas de producción a regiones con estructuras de costes más bajos o bien aprovechando ventajas cambiarias. Sin embargo, este indicador debería siempre ser considerado en relación con la calidad del producto, es decir, las empresas no deberían intentar a toda costa mejorar este indicador.

Ventajas	Desventajas
• Buen indicador para la comparación de empresas	• Depende mucho del ramo específico
• En conexión con el indicador "intensidad de personal" es un adecuado indicador de la productividad	• Depende del mercado de adquisición
• Indicador medular, ya que los costes de ventas y prestaciones de servicios revisten generalmente una importancia fundamental	

2.10 Depreciation and amortization to total operating expense

Formula

$$\frac{\text{Depreciation and amortization}}{\text{Total operating expense}} \times 100\%$$

Sample calculation

$$\frac{492}{12{,}861} \times 100\% = \mathbf{3.83\%}$$

Explanation

The ratio of depreciation and amortization to total operating expense indicates how efficiently the assets employed are being used. If this ratio increases, this generally leads to increased profits being disclosed in subsequent years. A high ratio of depreciation and amortization to total operating expense may also indicate that a company has an aggressive investment policy.

In contrast, a low level of depreciation and amortization may indicate outdated assets that offer opportunities for new investments and rationalization or increases in productivity.

Advantages	Disadvantages
• Indicates degree of rationalization regarding total costs • Highly meaningful in conjunction with ratios of personnel and material expense to total operating expense • Recognition of productivity potential	• Difficult to calculate, as amortization and depreciation expense is heavily affected by accounting policy • Highly industry-dependent • Highly dependent on investing activities

2.10 Intensidad de depreciación

Fórmula

$$\frac{\text{Gastos de amortización}}{\text{gastos totales}} \times 100\ \%$$

Ejemplo de cálculo

$$\frac{492}{12.861} \times 100\ \% = \mathbf{3,83\ \%}$$

Comentario

La intensidad de depreciación es una medida de la eficiencia económica del inmovilizado empleado. Si la intensidad de depreciación aumenta, ello conduce normalmente a una relación de beneficios incrementada en los años siguientes. Una alta intensidad de depreciación puede también indicar que la empresa ha seguido una agresiva política de inversiones.

A su vez, unos gastos de amortización bajos pueden por el contrario ser un indicio de un inmovilizado viejo u obsoleto que ofrece la oportunidad de realizar nuevas inversiones y con ello racionalizaciones y aumentos de la productividad.

Ventajas	Desventajas
• En relación con los gastos totales proporciona una indicación sobre el grado de racionalización	• Difícil de determinar, dado que los gastos de amortización son muy influenciados por la política de balances
• Alta significación informativa en combinación con la intensidad de personal y la de material	• Gran dependencia del ramo
• Detección de potenciales de productividad	• Alta dependencia de la actividad inversora

2.11 Depreciation and amortization to sales

Formula

$$\frac{\text{Depreciation and amortization}}{\text{Sales}} \times 100\,\%$$

Sample calculation

$$\frac{492}{14,019} \times 100\,\% = \mathbf{3.51\,\%}$$

Explanation

The ratio depreciation and amortization to total sales indicates what portion of total revenue was written-off. As a rule, write-downs only include depreciation of property, plant and equipment and amortization of intangible assets (e.g., goodwill), but not extraordinary write-downs for financial assets or depreciation of low-value assets.

An increase in this ratio can result from new investments that are not yet reflected in sales figures or may result from the formation of hidden assets. A falling ratio can be an indicator for a falling readiness to make investments.

Advantages	Disadvantages
• Excellent information on productivity (consumption of economic assets per unit of sales)	• Depends on write-down methody
	• Highly industry-dependent
• Used in sector comparisons	• Artificial improvement through reduced reinvestment
• Used in analyses over time	

2.11 Cuota de depreciación (I)

Fórmula

$$\frac{\text{Depreciaciones}}{\text{ventas y prestaciones de servicios}} \times 100\ \%$$

Ejemplo de cálculo

$$\frac{492}{14.019} \times 100\ \% = \textbf{3,51 \%}$$

Comentario

La cuota de depreciación se obtiene dividiendo las depreciaciones por los ingresos por ventas y prestaciones de servicios del ejercicio. Entre las depreciaciones se cuentan normalmente sólo las depreciaciones del inmovilizado material e inmaterial (Goodwill), pero no las depreciaciones extraordinarias del inmovilizado financiero o de bienes económicos de escaso valor.

Una cuota de depreciación creciente puede ir aparejada de nuevas inversiones que aún no se reflejan en las ventas y prestaciones de servicio o bien de la formación de reservas ocultas. Una cuota de depreciación decreciente puede ser un indicio de una disminución de la disposición a invertir.

Ventajas	Desventajas
• Buena predictibilidad con respecto a la productividad (consumo del elemento patrimonial del activo por unidad de ventas y prestaciones de servicio)	• Dependencia del método de depreciación
	• Fuerte dependencia del ramo
• Sirve para la comparación de sectores	• Mejoramiento artificial en caso de reducción de las reinversiones
• Sirve para la realización de análisis en función del tiempo	

2.12 Write-down structure

Formula

$$\frac{\text{Type of write-down}}{\text{Depreciation and amortization}} \times 100\%$$

Sample calculation

Here: goodwill amortization

$$\frac{90}{492} \times 100\% = \mathbf{18.29\%}$$

Explanation

The write-down structure compares a certain kind of depreciation (here: goodwill amortization) to total write-downs. Structural ratios can also be broken down to business units or subsidiaries, if available for external use. These ratios help to better understand the composition of a specific expense or source of income (e.g., sales) and allows a detailed analysis of a company. The high amount of goodwill amortization in the example above may be an indicator of the company having paid too much for recent acquisitions, or that in comparison to this figure, the other fixed assets are written-off to a large degree. In the case of goodwill amortization different accounting standards should also be taken into account.

Advantages	Disadvantages
• Allows detailed analysis	• Can fluctuate strongly over time
• Subsidence slopes of companies can be recognized	• Only meaningful in connection to key balance sheet indicators (e.g., fixed assets)

2.12   Estructura de las depreciaciones

Fórmula

$$\frac{\text{Tipo de depreciación}}{\text{total de depreciaciones}} \times 100 \ \%$$

Ejemplo de cálculo

Depreciaciones de Goodwill

$$\frac{90}{492} \times 100 \ \% = \textbf{18,29 \%}$$

Comentario

Este indicador establece la razón entre una determinada clase de depreciación (en este caso depreciaciones de Goodwill) y el total de las depreciaciones. Los indicadores de estructuras, en la medida en que estén disponibles para externos, pueden también especificarse para determinadas unidades del grupo y permiten así apreciar el desglose de un cierto tipo de gasto o ingreso (p. ej. ventas y prestaciones de servicio), sirviendo así para realizar un detallado análisis de una empresa. La elevada proporción de depreciación de Goodwill puede ser, en el ejemplo de arriba, un indicio de que la empresa ha pagado precios demasiado altos por adquisiciones hechas en el pasado, o bien que en relación con ello las instalaciones existentes en gran medida ya han sido depreciadas. En el caso de depreciaciones de Goodwill deberán ser observadas a su vez las prescripciones de presentación y publicación de cuentas.

Ventajas	Desventajas
• Permite un análisis detallado	• Puede sufrir fuertes variaciones en el curso del tiempo
• Situaciones de riesgo de empresas pueden ser detectadas	• Posee significación informativa sólo en conjunción con indicadores del balance (p. ej. inmovilizado material)

2.13 Personnel expense to total operating expense

Formula

$$\frac{\text{Personnel expense}}{\text{Total operating expense}} \times 100\%$$

Sample calculation

$$\frac{2,453}{5,004 + 7,857} \times 100\% = \mathbf{19.07\%}$$

Explanation

The ratio of personnel expense to total operating expense offers information on the economy of labor. Personnel expense include wages and salaries, social security contributions and contributions for pensions and support. This ratio can be used to review how economically labor is being employed over time. The lower the indicator, the more profitably staff are being employed or are being replaced – which would be reflected by an increase in capital expenditure.

An deterioration (= increase) in this indicator does not necessarily point towards incorrect management decisions, but may also be due to increases in the union agreements or rising social security contributions.

Advantages	Disadvantages
• High practical relevance	• Highly industry-dependent, e.g., due to union agreements
• Recognition of rationalization potential	• Nationwide wage differences make comparison difficult
• Good indicator of labor productivity	• Low meaningfulness if orders fluctuate (»static fixed costs«)

2.13 Intensidad de personal

Fórmula

$$\frac{\text{Gastos de personal}}{\text{gasto total}} \times 100\ \%$$

Ejemplo de cálculo

$$\frac{2.453}{5.004 + 7.857} \times 100\ \% = \mathbf{19,07\ \%}$$

Comentario

La intensidad de personal suministra información sobre la eficiencia económica del factor trabajo. Los gastos de personal incluyen sueldos y salarios, Seguridad Social así como gastos por concepto de pensiones y apoyo. Con el auxilio de este indicador se puede analizar la evolución de la eficiencia económica del empleo de personal en el curso del tiempo. Mientras menor sea el valor del indicador, mayor será la rentabilidad del empleo de personal o de la sustitución de éste por máquinas, lo que se reflejaría en un aumento de las inversiones. Un empeoramiento (aumento) del valor de este indicador no ha de tener su origen necesariamente en errores en las decisiones de management, sino que puede p. ej. también ser consecuencia de acuerdos tarifarios muy altos o aumentos de las contribuciones a la Seguridad Social.

Ventajas	Desventajas
• Gran relevancia práctica	• Fuerte dependencia del ramo, p. ej. debido a contratos tarifarios
• Detección de potenciales de racionalización	• Diferencias salariales suprarregionales dificultan la comparación
• Buena medida de la productividad del trabajo	• Escaso poder informativo frente a cambios de encargos ("costes fijos rígidos")

2.14 Personnel productivity

Formula

$$\frac{\text{Sales}}{\text{Personnel expense}}$$

Sample calculation

$$\frac{14,019}{2,453} = \textbf{5.72}$$

Explanation

This ratio compares total sales to personnel costs and expresses how much revenue was generated per one Euro of personnel expense (in this case 5.72 EUR). Over time this ratio can be used as an indicator for changes in productivity of a company. When this ratio is higher than the industry-average, this may indicate an efficient use of human resources or an increased intensity of machinery.

The ratio itself is not meaningful enough, instead ratios such as material costs to total costs as well as sales margins should also be considered. The reciprocal of this ratio (Personnel expense/sales × 100%) shows what percentage of sales was booked as personnel expense and thus facilitates company comparisons.

Advantages	Disadvantages
• Personnel's productivity can be analyzed over time	• Personnel costs may be skewed by changes in contributions to social security or union agreements
• Cost saving potential can be revealed	
• Personnel expenses are harder to influence than e.g., marketing expenses	• Only meaningful in connection to other operating expenses and margins

2.14   Intensidad del trabajo

Fórmula

$$\frac{\text{Ventas y prestaciones de servicio}}{\text{gastos de personal}}$$

Ejemplo de cálculo

$$\frac{14.019}{2.453} = \textbf{5,72}$$

Comentario

La intensidad del trabajo es la razón del resultado de las ventas y prestaciones de servicio a los gastos de personal de un período y expresa así los euros por concepto de ventas y prestaciones de servicio obtenidos por cada euro de gastos de personal (en el ejemplo de arriba, 5,72 EUR). Este indicador permite apreciar la medida en que se modifica la productividad de una empresa en el curso del tiempo. Si una empresa tiene una intensidad de trabajo superior al promedio de un determinado ramo, ello estaría indicando que hay un empleo eficiente del personal o bien que posee una intensidad de empleo de máquinas relativamente alta. Al analizar el valor de este indicador habrá de considerarse a su vez la intensidad de empleo de material y el margen de las ventas y prestaciones de servicio, dado que el indicador solo, no posee suficiente capacidad de información. El inverso de este indicador (Gastos de personal / ventas y prestaciones de servicio x 100 %) indica cuál es el porcentaje de las ventas y prestaciones de servicios que ha sido contabilizado exclusivamente por concepto de gastos de personal y sirve por consiguiente para la comparación de empresas.

Ventajas	Desventajas
• Permite identificar la productividad del personal en el curso del tiempo	• Los gastos de personal pueden p. ej. aparecer falseados como consecuencia de cambios en los importes de la Seguridad Social
• Se pueden detectar potenciales de economías	• Sólo posee poder informativo en conjunción con otros gastos de producción y márgenes
• Los gastos de personal son más difíciles de influenciar que p. ej. los gastos de marketing	

2.15 Sales per employee

Formula

$$\frac{\text{Sales}}{\text{Full-time employees}}$$

Sample calculation

$$\frac{14.019 \text{ mn}}{46,000} = \textbf{304,760}$$

Explanation

The sales per employee ratio provides information on a company's efficiency and provides an indication of how expensive a company is run. By dividing a company's annual sales by the average number of full-time employees, the analyst gets an insight into overhead costs and in turn into possible future profits, as higher sales per employee ratios within the same industry may suggest above average profits. As job cuts can strongly influence this ratio, it should be closely watched over several years in order to identify trends. A continuously rising sales per employee ratio may suggest more streamlined organizations, well-planned capital investments leading to improved efficiency or new products which sell faster than those of the competition.

Advantages	Disadvantages
• Company's efficiency can be analyzed over time	• Not meaningful for cross-industry comparisons
• Indicator for a company's overhead costs and thus for estimating future profits	• Indicator should always be considered in connection with profit margins
• Ratio provides quick sense on a company's situation within the peer group	

2.15 Ventas y prestaciones de servicio por trabajador

Fórmula

Ventas y prestaciones de servicio

trabajadores a jornada completa

Ejemplo de cálculo

$$\frac{14,019 \text{ mill.}}{46.000} = 304.760$$

Comentario

Este cuociente proporciona a un observador externo informaciones sobre la eficiencia y la intensidad del factor trabajo, y con ello sobre los costes de una empresa. Al dividirse ventas y prestaciones de servicio por el equivalente de puestos a jornada completa, el analista se puede formar una idea de los costes fijos y con ello obtener una indicación sobre ingresos futuros, ya que un valor superior al promedio del ramo, puede sugerir un potencial de ganancias también superior. Dado que la reducción de la fuerza de trabajo afecta fuertemente a este indicador, debería ser observado a lo largo de varios años, para detectar una tendencia de significancia informativa. Un indicador en continuo aumento puede sugerir una mejor organización, una política de inversión bien pensada con aumentos subsiguientes de la eficiencia o nuevos productos que se venden mejor que los de la competencia.

Ventajas	Desventajas
• La eficiencia de la empresa puede visualizarse en el curso del tiempo	• No es indicado para análisis que rebasan el ámbito del ramo
• Indicador para la determinación de estructuras de costes fijos y para la estimación de ganancias futuras	• Debería siempre ser considerado en conjunción con las ganancias
• Indicador permite impresión rápida sobre posición de la empresa dentro del Peer Group	

Chapter / Capítulo 3

Balance sheet ratios /
Indicadores relativos al balance

3.1   Hidden assets

Formula   **Sample calculation**

Market capitalization	12,390
− Total equity	(5,493)
= 6,897	

(Also see market capitalization, page 200)

Explanation

Hidden assets are the portion of equity not disclosed on the balance sheet. Result: Profits or equity appear lower than they really are on the balance sheet date. Hidden assets may occur as a result of:

- Undervaluation or non-capitalization of assets which can be capitalized or
- Waiver or prohibition of possible write-ups or
- Overvaluation of liabilities.

Hidden assets occur either a) compulsorily, b) by using options, c) due to errors in estimates or d) they are intentionally formed. Reversing hidden assets generally leads to higher profits being disclosed.

Advantages	Disadvantages
• Defers taxation, as establishing hidden assets lowers disclosed profits	• Cannot be used directly (market price has to be achieved)
• May offer additional latitude for financing	• For external parties hard or very difficult to calculate if market prices are not known
• The possibility of forming hidden assets offers security	• Hidden assets make it more difficult to calculate yield indicators, which, for example, are based on the capital employed

3.1   Reservas ocultas

Fórmula	Ejemplo de cálculo
Capitalización bursátil – capital propio según balance	12.390 – 5.493
	= 6.897

(Ver también cálculo de la capitalización bursátil en pág. 201)

Comentario

Las reservas ocultas son la parte del capital propio que no se aprecia en el balance. Consecuencia: Las ganancias o el capital propio a la fecha del balance aparecen con un valor menor que el que corresponde a la realidad. Las reservas ocultas pueden ser generadas por:

- Infravaloración o no activación de elementos del activo activables
- Renuncia o prohibición de posibles supervaloraciones
- Supervaloración de pasivos.

Las reservas ocultas se generan a) obligadamente o bien b) haciendo uso de márgenes discrecionales, c) por errores de estimación o d) por gestión arbitraria. La eliminación de las reservas ocultas conduce normalmente a una mayor ganancia contable.

Ventajas	Desventajas
• Produce un efecto de diferimiento impositivo, ya que la generación de reservas ocultas reduce las ganancias contables	• No utilizable directamente (el precio de mercado tiene que alcanzarse)
• Proporciona eventualmente márgenes de financiación adicionales	• Difícil de determinar por externos, en la medida en que no se conozcan los precios del mercado
• La posibilidad de generación de reservas ocultas sirve al aspecto seguridad	• La reservas ocultas dificultan la determinación de indicadores de rentabilidad que se basen p. ej en el capital utilizado

3.2   Net debt

Formula	**Sample calculation**
Interest-bearing liabilities	288 + 468
– Cash and cash equivalents	(2,526)
– Short-term investments	0
= Net debt	**= (1,770)**

Explanation

Net debt is interest-bearing debt less liquid funds. As an alternative, it can also be calculated by taking the entire on-balance sheet debt less liquid funds and less pension provisions (these are often equity-like).

Net debt shows the amount of a company's debt, if all liabilities were to be repaid using liquid funds. For example, if a company's liquid funds are greater than its actual debt, then the company is, in fact, debt-free and it exploits the positive effects on its return on equity via the leverage effect (see sample calculation above). However, we must bear in mind that a high level of cash in turn brings a low return and is thus not reasonable from the investor's perspective. In order to be able to properly interpret net debt, this figure should be considered in connection with the cash flow (»dynamic gearing«).

Advantages	**Disadvantages**
• Taking liquid assets into account allows risk to be considered more precisely	• Leasing contracts (e.g., operating leases) should also be considered to ensure comparability
• This is a meaningful early-warning signal for financing risks, in particular if the cash flow is considered	• Little meaning as an absolute figure
	• Maturities are not taken into account

3.2   Endeudamiento neto

Fórmula	Ejemplo de cálculo
Capital ajeno a interés	288 + 468
− patrimonio activo líquido	− 2.526
− valores del activo circulante	0
= Endeudamiento neto	**= − 1.770**

Comentario

El endeudamiento neto se calcula restando del capital ajeno a interés los medios líquidos. Alternativamente se puede determinar restando del capital ajeno total según balance los medios líquidos y las provisiones por pensiones (éstas poseen frecuentemente carácter de capital propio).
El endeudamiento neto indica la magnitud del endeudamiento de una empresa, en la medida en que todas las obligaciones sean pagadas mediante bienes del activo de corto plazo. Si en una empresa los medios líquidos exceden al capital ajeno, cuál es el caso en el ejemplo de arriba, significa que de facto no tiene deudas y aprovecha, por el efecto palanca (efecto de leverage) del capital ajeno empleado, los efectos positivos sobre la rentabilidad del capital propio. Sin embargo cabe observar que una buena situación de Cash arroja a su vez un menor rendimiento y por tanto no es conveniente desde el punto de vista de un inversor. Para interpretar debidamente el endeudamiento neto, se le debería considerar en conjunción con el Cash Flow (ver al respecto "Grado de endeudamiento dinámico")

Ventajas	Desventajas
• La consideración del patrimonio activo líquido permite una apreciación más exacta del riesgo	• En relación con la comparabilidad deberían también considerarse los contratos de Leasing (p. ej. operating Leases)
• Especialmente bajo consideración del Cash Flow (grado de endeudamiento dinámico) es una magnitud adecuada como indicador temprano de riesgos de financiación	• En calidad de magnitud absoluta posee escasa significación informativa
	• La existencia de plazos no es considerada

3.3   Goodwill

Formula

> Derivative goodwill = Purchase price − Net asset value
>
> Net asset value = Σ Total assets − Total liabilities

Sample calculation

In order to provide an accurate sample calculation, we would have to show an entire acquisition here. We have not done so for reasons of simplicity.

Explanation

Goodwill is the amount in excess of the value of all tangible and intangible assets less debt which a buyer is prepared to pay for an interest while taking into account future income. Goodwill may only be capitalized in the tax accounts and financial accounts if it was actually acquired as part of a corporate acquisition (derivative). Internally generated (original) goodwill may not be carried. Goodwill must be shown separately under intangible assets. Under IFRS and US-GAAP goodwill is no longer amortized in the financial accounts, but is reviewed for impairment and adjusted for such if permanent impairment is ascertained.

Advantages	Disadvantages
• Part of invested capital • Conclusions about the company's »quality« can be drawn in connection with the company's total assets	• Some national accounting laws, such as German GAAP, allow goodwill to be offset against equity. This can lead to distortions

3.3   Goodwill

Fórmula

> Goodwill derivativo = precio de compra – valor real
>
> Valor real = $\sum$ elementos patrimoniales del activo – obligaciones

Ejemplo de cálculo

Un ejemplo de cálculo exacto requeriría en este punto la presentación de una adquisición participativa completa, pero dada su complejidad, hemos optado por prescindir de ello.

Comentario

El Goodwill (también llamado fondo de comercio o valor empresarial) corresponde al importe total que un comprador estaría dispuesto a pagar, bajo consideración de las expectativas de ganancias futuras, sobre el valor de la totalidad de elementos patrimoniales materiales e inmateriales del activo, previa deducción de las deudas. Tanto en el balance comercial como en el tributario puede ser activado solamente si ha sido realmente adquirido dentro del marco de la compra de una empresa (derivativo). El Goodwill autogenerado (de origen) no puede ser contabilizado. El Goodwill debe ser contabilizado separadamente entre los elementos patrimoniales inmateriales del activo. Contrariamente al caso del balance comercial, en el caso de los balances según US-GAAP e IFRS, el Goodwill ya no puede ser depreciado, sino sólo puede corregirse su valor, dentro del marco de un impairment test, si se trata de una reducción de valor comprobada y durable.

Ventajas	Desventajas
• Es parte del capital invertido • En conjunción con el inmovilizado total permite obtener conclusiones respecto del "valor real" del patrimonio activo	• Las legislaciones sobre presentación y publicación de cuentas de algunos países, como por ejemplo la del código de comercio alemán HGB, permiten una compensación del Goodwill con el capital propio, lo que puede conducir a distorsiones.

3.4 Average stock

Formula

$$\frac{\text{Opening stock} + \text{Closing stock}}{2}$$

Sample calculation

$$\frac{2,016 + 2,031}{2} = \mathbf{2,023.5}$$

(see balance sheet item: Inventories)

Explanation

Average stock represents the arithmetic average of key stock levels during the fiscal year. It is calculated in particular for goods and materials as well as for receivables and liabilities. The average stock is, for example, a key figure for determining capital requirements, turnover frequency and turnover duration.

Advantages	Disadvantages
• Exceptional deviations during course of year are smoothed out • Allows more precise depiction of relationship figures, such as so-called efficiency indicators (e.g., sales to average inventories)	• Incorrect result if opening and final stock deviate strongly from annual average • Depends on inventory size and thus closing date • Depends on balance sheet date selected (e.g., if fiscal year is delayed)

3.4 Valor medio de existencias

Fórmula

$$\frac{\text{Stock inicial + stock final}}{2}$$

Ejemplo de cálculo

$$\frac{2.016 + 2.031}{2} = \textbf{2.023,5}$$

(Ver asiento "existencias" en balance)

Comentario

El valor medio de existencias es el promedio aritmético de los valores inicial y final del ejercicio. Su cálculo se efectúa fundamentalmente para mercancías y materiales así como para deudores y obligaciones. El valor medio de existencias tiene importancia p. ej. para la determinación de las necesidades de capital, de la frecuencia de rotación y del período de rotación.

Ventajas	Desventajas
• Alisamiento de desviaciones extraordinarias acaecidas durante el ejercicio	• Resultado distorsionado, si el valor inicial y final difieren marcadamente del promedio anual
• Permite una generación más exacta de números de referencia, por ejemplo los llamados indicadores de eficiencia (p. ej. razón de ventas y prestaciones de servicio a stock promedio)	• Depende del día específico por ser magnitud de existencias
	• Depende de la elección de la fecha de realización del balance (p. ej. en caso de corrimiento del ejercicio)

3.5 Invested capital

Formula   **Sample calculation**

Total equity	5,493
+ Non-current provisions	1,140
+ Interest-bearing debt	288 + 468
= Invested capital	**= 7,389**

Explanation

The invested capital is the company's actual capital which bears interest and which incurs costs, and which is thus the capital which serves the company's original purpose. This makes it the critical figure to be contrasted against profits in order to calculate the return. In order to do business successfully, a company must at least generate the costs of capital for interest-bearing capital (see also EVA®). When calculating the invested capital, as a rule the cash values of future off-balance sheet activities must be included, as investors also expect a return from these investments (not applicable in the example above). These mainly include capitalized leasing expenses.

Advantages	Disadvantages
• Used as a basis for calculating the profitability generated by operating activities	• There are a large number of possible adjustments
• More pertinent in economic terms than pure book values as a result of adjustments	• Analytical latitude

3.5   Capital invertido

Fórmula	Ejemplo de cálculo
Capital propio	5.493
+ provisiones a largo plazo	1.140
+ capital ajeno a interés	288 + 468
= Capital invertido	**= 7.389**

Comentario

El capital invertido es el que en una empresa realmente genera interés y costes y es consecuentemente el capital que sirve al objetivo originario de la empresa. Por ello es la magnitud crítica con la cual habrá de ser comparada la ganancia, a objeto de calcular el rendimiento. Para que una gestión sea exitosa, los costes de capital de una empresa deben a lo menos ser cubiertos por el interés generado por el capital (ver también EVA®). En la determinación del capital invertido deberán normalmente añadirse además los valores presentes de futuras "off-balance sheet activities", respecto de las cuales los inversores igualmente esperan un determinado rédito (no es válido para el ejemplo de arriba). Entre éstas cabe mencionar en primer término gastos por concepto de Leasing que son capitalizados.

Ventajas	Desventajas
• Sirve de base para la determinación de la rentabilidad que se puede obtener con las actividades empresariales • Como resultado de ajustes, más razonable económicamente que valores puramente de libro	• Existe una gran cantidad de posibles adaptaciones • Margen analítico

3.6   Provisions to total capital

Formula

$$\frac{\text{Provisions}}{\text{Total capital}} \times 100\,\%$$

Sample calculation

$$\frac{1{,}140}{10{,}134} \times 100\,\% = \mathbf{11.25\,\%}$$

Explanation

The ratio provisions to total capital indicates to which degree a company finances itself through provision equivalents. Provisions – although they are financially clearly defined as liabilities – may have equity character when they are structured on a long term basis (e.g., pension provisions).

Financing by pension equivalents is possible by immediately registering the expense for making provisions in the income statement, which has a negative impact on net income. The actual payment is postponed until future fiscal years (deferred payment), respectively, when accruals are reversed it positively affects profits. In the meantime, this amount is available for the production process.

Advantages	Disadvantages
• Pension provisions are not clearly defined as debt and do not lead to constant interest payments	• Can vary significantly over time without obvious reason for external analysts (e.g., provisions for employee's vacation)
• Delivers in the overall context information on the capital structure	• Little significance if more than pension provisions are included, as the timeframe of disposal is not clear (short-term provisions do not serve for financing purposes)

3.6   Cuota de provisiones

Fórmula

$$\frac{\text{Provisiones}}{\text{capital total}} \times 100\ \%$$

Ejemplo de cálculo

$$\frac{1.140}{10.134} \times 100\ \% = \textbf{11,25\ \%}$$

Comentario

La cuota de provisiones indica la medida en que la empresa se financia con valores equivalentes a las provisiones. Aun cuando desde la perspectiva del balance están claramente asignadas al capital ajeno, las provisiones pueden, vistas desde el punto de vista de la financiación, considerarse como próximas al capital propio, si se generan a largo plazo (p. ej. las provisiones para pensiones).
La financiación por medio de valores equivalentes a las provisiones resulta posible como consecuencia del hecho de que los gastos por concepto de provisiones fluyen de inmediato a la cuenta de pérdidas y ganancias, cuyo efecto es una disminución de las ganancias. Y el pago se realiza en períodos posteriores (pagos diferidos) o bien, si las provisiones no son requeridas, son canceladas, produciendo así ganancias. Durante el tiempo comprendido entre estos sucesos, este capital se encuentra a disposición de la empresa para el proceso de producción.

Ventajas	Desventajas
• Las provisiones para pensiones no tienen exclusivamente carácter de capital ajeno y no provocan continuos pagos de intereses	• Puede sufrir grandes variaciones, sin que para el analista externo medie un motivo visible (p. ej. provisiones para vacaciones de los trabajadores)
• Proporciona, dentro del contexto general, información sobre la estructura del capital	• Escasa capacidad informativa, si no sólo hay provisiones por pensión, dado que no hay claridad respecto del tiempo de disponibilidad (las provisiones de corto plazo no sirven para fines de financiación)

3.7 Reserves to total capital

Formula

$$\frac{\text{Capital reserves + Retained earnings}}{\text{Total capital}} \times 100\%$$

Sample calculation

$$\frac{141 + 3{,}789}{10{,}134} \times 100\% = \textbf{38.78\%}$$

Explanation

This ratio describes the percentage of capital reserves and retained earnings in comparison to total capital. Reserves are part of the shareholders' equity and consist of capital reserves (derived from additional capital raised externally, e.g., capital surplus at IPO) and retained earnings (i.e., derived from past income). From a creditors point of view, a high degree of reserves offers security for existing and additional loans. Thus, the higher the percentage of reserves to total capital, the lower the risk of non-performing loans for the lender. Over time the external analyst is able to tell whether the ratio, and thus the company's capital base, increases or decreases. A decrease may eventually lead to a total loss of shareholders' equity (including capital stock) and thus endanger a company's existence.

Advantages	Disadvantages
• Helps to assess collateral levels	• Reserves which are not stated in the balance sheet (hidden assets) are not considered
• Indicator for self-financing tendencies of a company	
• The higher the amount of equity, the higher the amount of liable assets	• Only significant in connection to the length of the company's existence
	• Capital reserves may vary strongly over time in US-GAAP accounting due to fluctuations in exchange rates

3.7   Intensidad de reservas

Fórmula

$$\frac{\text{Reservas de capital} + \text{reservas por ganancias}}{\text{capital total}} \times 100\ \%$$

Ejemplo de cálculo

$$\frac{141 + 3.789}{10.134} \times 100\ \% = \mathbf{38{,}78\ \%}$$

Comentario

La intensidad de reservas representa la participación que sobre el capital total tienen las reservas anotadas en el balance. Las reservas son parte del capital propio y constan de las reservas de capital (generación de surpluses desde el exterior de la empresa, como es p. ej. el sobreprecio en el caso de emisión de acciones) y las reservas por ganancias (p. ej. los importes provenientes del excedente del ejercicio). Desde el punto de vista de los acreedores, las reservas tienen significación por la seguridad que implican. Mientras mayor sea la intensidad de reservas, menor será el riesgo de que el capital sujeto a responsabilidad civil nominalmente ligado sea consumido por pérdidas. Al observar este indicador en el curso del tiempo se puede constatar si la participación de las reservas, es decir la base de capital de la empresa, aumenta o disminuye. Una intensidad de reservas decreciente puede ser un indicio de un consumo del capital propio y con ello de un riesgo existencial de la empresa.

Ventajas	Desventajas
• Sirve para determinar seguridades	• Reservas no anotadas en el balance (reservas ocultas) quedan fuera de consideración
• Suministra indicios sobre tendencias de financiamiento interno de la empresa	• Sólo posee fuerza informativa bajo consideración del tiempo de existencia de la empresa
• Mientras mayor sea la participación del capital propio, mayor será la parte del patrimonio activo sujeto a responsabilidad civil	• Como consecuencia de la influencia de monedas extranjeras, en el caso de balances según US-GAAP, las reservas pueden sufrir fuertes variaciones

3.8   Inventories to total capital

Formula

$$\frac{\text{Inventories}}{\text{Total assets or capital}} \times 100\,\%$$

Sample calculation

$$\frac{2,016}{10,134} \times 100\,\% = \mathbf{19.89\,\%}$$

Explanation

The ratio of inventories to total assets or capital delivers an insight into a company's asset distribution. It should always be compared to the industry's benchmark (e.g., the ratio in the manufacturing industry is of course in general larger than in the service sector). An increasing ratio over time at constant revenues may thus be an indication for sales difficulties.

An objective for many companies (especially in the automobile industry) has been to keep inventory costs sustainably low, which can be achieved through just-in-time production. From an external point of view, the ratio provides some information with respect to the time needed for liquidating assets.

Advantages	Disadvantages
• Usually industry-specific comparable ratios are available	• Valuation of inventories depends heavily on balance sheet policy
• Over time a first indicator for basic structural changes	• No reference to income statement (e.g., store house expenses), thus little significance
	• Differentiation between raw materials, semi-finished and finished goods necessary for detailed analysis

3.8   Intensidad de existencias

Fórmula

$$\frac{\text{Existencias}}{\text{patrimonio activo total o bien capital total}} \times 100\ \%$$

Ejemplo de cálculo

$$\frac{2.016}{10.134} \times 100\ \% = \mathbf{19{,}89\ \%}$$

Comentario

La intensidad de existencias describe la participación de las existencias anotadas en balance en el patrimonio activo total y suministra por tanto información sobre la distribución del patrimonio activo total de la empresa. Este indicador deberá siempre ser considerado en relación con el ramo de la empresa (p. ej., en las industrias productoras, la intensidad de existencias es mayor que en el sector de prestación de servicios). En el curso del tiempo, una intensidad de existencias creciente acompañada de ventas y prestaciones de servicios constantes puede indicar dificultades en las ventas físicas.

Muchas empresas, especialmente en el sector de la automoción, han procurado y procuran reducir perdurablemente los costes de stock, p. ej. mediante una producción "just in time". A un observador externo, este indicador le proporciona además primeras informaciones sobre las posibilidades de liquidación del patrimonio activo.

Ventajas	Desventajas
• Normalmente se dispone de valores comparativos propios de cada ramo • En el curso del tiempo es un primer indicador de cambios fundamentales, estructurales	• Valoración de las existencias depende fuertemente de la política de balances • Falta relación respecto de cuenta de pérdidas y ganancias (p. ej. gastos de almacenamiento), lo que reduce su significación informativa • Diferenciación de materias primas, productos acabados y semiacabados es necesaria para un análisis exacto

3.9   Degree of asset depreciation

Formula

$$\frac{\text{Accumulated depreciation on property, plant and equipment}}{\text{Historical cost of property, plant and equipment}}$$

Sample calculation

$$\frac{2,650 + 402}{2,736 + 2,650 + 402} = \mathbf{0.53}$$

Explanation

The degree of asset depreciation is not stated in years, but rather as a number between zero and one. Zero indicates that all assets have recently been acquired and have not depreciated, whereas one means that all assets have been completely written off.

A value of close to one may indicate an out-dated production technology (= competitive disadvantage) which may result in a below-average productivity in comparison to the industry. Of course this ratio should always be considered in conjunction with the specific industry's technological state of the art. In addition, one should consider that the degree of asset depreciation depends heavily on the company's write-down policy. For example, assets are often written-off as fast as possible, although economic use takes place years beyond the write-off period.

Advantages	Disadvantages
• Important figure for manufacturing companies • Indicator for investment cycles and needs	• Comparison is distorted if asset retirement posting are not made (residual book value) • Little significance for service companies • May lead to distortion if different write-down methods are applied • Asset structure can be influenced (purchase vs. leasing)

3.9   Grado de desgaste de las instalaciones

Fórmula

$$\frac{\text{Depreciaciones acumuladas del inmovilizado material}}{\text{costes de adquisición y fabricación del inmovilizado material}}$$

Ejemplo de cálculo

$$\frac{2.650 + 402}{2.736 + 2.650 + 402} = \mathbf{0,53}$$

Comentario

El grado de desgaste de las instalaciones no se expresa en años, sino como grado de depreciación de la totalidad de los elementos del inmovilizado material. Su valor se encuentra siempre comprendido entre cero y uno. El valor cero significa que todos los equipos son nuevos y el valor uno por el contrario que el inmovilizado material ha sido depreciado completamente.

Un valor cercano a uno puede, en la interpretación, indicar que se trata de una tecnología de producción vieja (= desventaja competitiva) y con ello ser indicio de una productividad inferior al promedio del ramo. Este indicador debería ser siempre considerado en conjunción con el progreso tecnológico o bien con la tecnología del respectivo ramo. Sin embargo habrá de considerarse que el grado de desgaste de las instalaciones depende de la política de depreciación de la empresa. Es frecuente que los equipos sean depreciados en el menor tiempo posible y que su aprovechamiento económico se prolongue por muchos años más.

Ventajas	Desventajas
• Indicador importante para empresas productoras	• Comparación aparece distorsionada por asientos de salidas no realizados (valor libro residual en balance)
• Arroja luz sobre ciclos de inversión y las necesidades de inversión	• Escasa capacidad informativa en el caso de empresas prestadoras de servicios
	• Puede conducir a distorsiones si se emplean distintos métodos de depreciación
	• La estructura del patrimonio activo puede ser influenciada (compra versus Leasing)

Chapter / Capítulo 4

Cash flow ratios /
Indicadores relativos al Cash Flow

4.1   Cash flow from operating activities

Formula	Sample calculation
EBIT	1,452
− Taxes	(711)
+ Depreciation and amortization	492
± Δ long-term provisions (excl. interest)	(33)
± Profit (loss) on disposal of fixed assets	3
± Δ working capital	45
= Cash flow from operating activities	**= 1,248**

Explanation

Cash flow from operating activities indicates the cash flow which stems from operating activities during the period under review. The cash flow thus, to a certain extent, shows the financial result from operations. This is shown by adjusting EBIT, alternatively net income by the amounts which did not lead to the cash flow or that cannot be allocated to operating activities. The cash flow plays a major role in corporate valuations in particular, as the total forecast (free) cash flows are discounted to the their present value (e.g., Discounted cash flow method).

Advantages	Disadvantages
• Provides information on »available funds«	• Hardly possible to compare companies
• Cannot be manipulated as easily as net income	• Cash flow itself does not indicate if a company was able to gene-rate shareholder value
• Good retrospective indicator for a company's success	
• Calculation shows the extent to which write-downs affect earnings (»write-downs have to be earned«)	

4.1 Cash Flow por actividad operativa

Fórmula	Ejemplo de cálculo
EBIT	1.452
− impuestos	− 711
+ depreciaciones	492
± Δ provisiones a largo plazo (exc. intereses)	− 33
± ganancias / pérdidas por salidas del inmovilizado material	3
± Δ Working Capital	45
= Cash Flow por actividad operativa	**= 1.248**

Comentario

El Cash Flow por actividad operativa (o corriente) es una magnitud de flujo financiero e indica el excedente de medios de pago obtenido en el período en cuestión por concepto de actividad operativa. De esta forma, el Cash Flow indica en cierto modo el resultado financiero de la explotación. Ello sucede, si el EBIT o alternativamente el excedente del ejercicio son objeto de ajustes mediante magnitudes que no han conducido a flujos de pago o que no pueden ser asignadas al negocio operativo. Especialmente en el caso de la evaluación de empresas, el Cash Flow posee gran significación, dado que para tal efecto se calcula el valor presente de los Cash Flow pronosticados (ver también método del Discounted-Cash-Flow).

Ventajas	Desventajas
• Proporciona información sobre medios disponibles	• Comparación entre empresas es muy difícil
• Menos manipulable que el excedente del ejercicio	• El Cash Flow por si sólo no entrega información en cuanto a si una empresa genera Shareholder Value
• Buen indicador retrospectivo del éxito de la empresa	
• Cálculo muestra el grado en que las depreciaciones influyen sobre el resultado ("las depreciaciones tienen que haber sido conseguidas")	

4.2 Cash flow from investing activities

Formula	Sample calculation
Capital expenditures, net (Capex)	(474)
+ Financial expenditures, net (Finex)	0
± Other investing cash flow items, total	150
= Cash flow from investing activities	**= (324)**

Explanation

Cash flow from investing activities shows the balance of cash funds that the company has invested in financial assets and property, plant and equipment or obtained from the sale of these assets.

As a rule, the cash flow from investing activities should be negative, because it shows that the company has reinvested the funds it has earned in the company's continued existence or growth. The cash flow from investments in fixed assets is often also referred to as »Capex« (capital expenditure), the cash flow from investments in financial assets as »Finex« (financial expenditure).

Advantages	Disadvantages
• Provides information on how funds are used	• No information on whether investments are made for maintenance or expansion
• In conjunction with cash flow from operating activities, the ratio provides information on additional financing volume needed	• Varies strongly over time
	• No information on how sensible an investment is

4.2   Cash Flow por actividad inversora

Fórmula   **Ejemplo de cálculo**

Pagos por inversiones en el inmovilizado, neto (Capex)	– 474
+ pagos por inversiones en el inmovilizado financiero, neto (Finex)	0
± otros pagos y cobros por actividad inversora	150
= Cash Flow por actividad inversora	**= – 324**

Comentario

El Cash Flow por actividad inversora muestra el saldo de los medios de pago que la empresa ha invertido en la adquisición de elementos del inmovilizado material y financiero o bien ha recibido por la enajenación de dichos elementos.
Normalmente, el Cash Flow proveniente de inversiones debería ser negativo, ya que indica que la empresa ha reinvertido medios obtenidos por su actividad en la prosecución y crecimiento de la empresa. El Cash Flow proveniente de inversiones en el inmovilizado se designa frecuentemente Capex (Capital Expenditure) y el derivado de inversiones en el inmovilizado financiero recibe también la denominación Finex (Financial Expenditure).

Ventajas	Desventajas
• Proporciona información sobre el empleo de medios • Suministra información en relación con el Cash Flow operativo sobre volúmenes financieros adicionalmente requeridos	• No suministra información en cuanto a si se han o no efectuado inversiones en ampliaciones o substituciones • Está sujeto a fuertes variaciones en el curso del tiempo • No aporta información sobre conveniencia de la inversión

4.3 Cash flow from financing activities

Formula	Sample calculation
Issuance of stock, net	0
− Total cash dividends paid	(354)
+ Issuance of debt (bonds and credits)	0
− Payments for redemption of bonds and credits	0
− Interest payments and other financing cash flow items	(141)
= Cash flow from financing activities	**= (495)**

Explanation

Cash flow from financing activities offers information on the balance of cash inflows and outflows from financing activities. Inflows may result from new equity (e.g., from going public or a secondary placement for a capital increase on the stock market) or from increasing debt (e.g., from issuing a bond or taking out a loan), outflows stem from disbursements to shareholders or repaying liabilities.

Advantages	Disadvantages
• Shows the origin of additional funding	• Not meaningful when taken alone
• Provides readers with key information on the company's financing activities and abilities	• Varies strongly over time
• Combining the cash flow from operating activities, the cash flow from investing activities and the cash flow from financing activities allows the change in cash and cash equivalents to be calculated	• Only allows limited conclusions regarding future performance to be drawn

4.3   Cash Flow por actividad financiera

Fórmula	Ejemplo de cálculo
Cobros por aportaciones de capital propio	0
− pagos a propietarios empresa	− 354
+ cobros por emisión de empréstitos y asunción de créditos	0
− pagos para reembolso de empréstitos y créditos	0
− gastos por intereses y otros costes financieros	− 141
= Cash Flow por actividad financiera	**= − 495**

Comentario

El Cash Flow por actividad financiera proporciona información sobre el saldo de los flujos de pagos y cobros que como consecuencia de la actividad financiera han entrado o salido. Los flujos de entrada pueden tener su origen en la asunción de capital propio (p. ej acudiendo a la Bolsa de Valores o mediante una colocación secundaria de un aumento de capital en el mercado de acciones) o de capital ajeno (p. ej. por medio de la emisión de un empréstito o la asunción de un préstamo). Los flujos de salida son el resultado de reparticiones a los titulares de participaciones o el reembolso de obligaciones.

Ventajas	Desventajas
• Arroja claridad sobre el origen de medios financieros adicionales	• Solo carece de poder de información
• Proporciona importantes informaciones al observador sobre la actividad y capacidad financiera de la empresa	• Está sujeto a fuertes variaciones en el curso del tiempo
• Mediante la reunión del Cash Flow operativo, del Cash Flow producto de la actividad inversora y del Cash Flow por actividad financiera resulta posible determinar la variación de los medios líquidos	• Permite sólo limitadamente obtención de conclusiones sobre evolución futura

4.4   Free cash flow

Formula   **Sample calculation**

Cash flow from operating activities	1,248
− Capex, net	(474)
= Free cash flow	**= 774**

Explanation

The free cash flow refers to the free funds available to the company. These
funds describe the company's potential value for investors and creditors and
are available for reinvestment of profits, or the payment of interest or credit
redemption. The future free cash flows are generally the starting point for
company valuation.

Advantages	Disadvantages
• Can be used as a basis for ascertaining a company's value	• The amount of debt and equity costs must be calculated separately
• Does not depend on the form of financing	• Can be subject to strong fluctuations, for example from investment cycles
• Can be calculated from the financial statements	

4.4　Free Cash Flow

Fórmula	Ejemplo de cálculo
Cash Flow por actividad operativa	1.248
− Capex, neto	− 474
= Free Cash Flow	**= 774**

Comentario

El Free Cash Flow representa los medios libres a disposición de la empresa.
A su vez, éstos describen el potencial económico que la empresa representa
tanto para aportaciones de capital propio como ajeno y están disponibles para
la repartición de dividendos, retención y acumulación de ganancias así como
pago de intereses y reembolsos. El free Cash Flow es normalmente el punto de
partida para la evaluación de una empresa.

Ventajas	Desventajas
• Puede servir de base para determinar el valor de una empresa	• La magnitud de los costes de capital propio y ajeno deben ser determinados por separado
• Es independiente de la forma de financiación	• Puede estar sujeto a fuertes fluctuaciones, p. ej. como consecuencia de ciclos de inversión
• Se puede determinar con las cuentas anuales	

4.5   Cash flow

Formula	Sample calculation
Net income	882
+ Depreciation and amortization	492
± Change in long-term provisions	(51)
= Cash flow	**= 1,323**

Explanation

The alternative approach in comparison to operating cash flow for calculating cash flow is to add depreciation and amortization as well as changes in long-term provisions to net income. As depreciation does not lead to a direct cash outflow it does not affect a company's liquid funds and is therefore added to net income. Cash flow is a better indicator than net income, as different write-off methods are eliminated, making cross-company comparisons easier. One has to bear in mind though that different cash flow definitions exist, e.g. changes in working capital are also considered for calculating a company's cash flow.

Advantages	Disadvantages
• Cash flow less manipulated than net income	• Different definitions of cash flow exist, which limits comparability
• Intuitive	• Can be subject to strong fluctuations depending on investment cycles
• Easy to calculate	• Cross-industry comparisons are hardly possible

4.5   Cash Flow

Fórmula	Ejemplo de cálculo
Excedente del ejercicio	882
+ depreciaciones	492
± Δ provisiones a largo plazo	− 51
= Cash Flow	**= 1.323**

Comentario

Una expresión alternativa del Cash Flow operativo es la definición clásica de Cash Flow, en la cual al excedente del ejercicio solamente se le añaden las depreciaciones y los aumentos de las provisiones a largo plazo. Dado que las depreciaciones no provocan pagos, carecen de efecto sobre la situación de liquidez de la empresa, motivo por el cual son sumadas al excedente del ejercicio en el curso del cálculo del Cash Flow. El Cash Flow es un mejor indicador que el excedente del ejercicio, ya que se elimina el efecto producido por distintos métodos de depreciación, lo que simplifica la comparación de empresas. Sin embargo será conveniente considerar que existen distintas definiciones de Cash Flow. Es así que, p. ej., para el cálculo se consideran también las variaciones del Working Capital.

Ventajas	Desventajas
• El Cash Flow es menos manipulable que el excedente del ejercicio	• Existen diferentes definiciones de Cash Flow, lo que limita las posibilidades de comparación
• Fácil de entender	
• Posibilidad de efectuar cálculo sencillo	• Puede estar sujeto a fuertes fluctuaciones, p. ej. como consecuencia de ciclos de inversión
	• La realización de comparaciones que rebasen el ámbito de un determinado ramo resulta cuasi imposible

4.6   Capex to depreciation and amortization

Formula

$$\frac{\text{Capex, net}}{\text{Depreciation and amortization}} \times 100\%$$

Sample calculation

$$\frac{474}{492} \times 100\% = \mathbf{96.34\%}$$

Explanation

This indicator compares net cash flow from investments in fixed assed (or capital expenditure = Capex) to depreciation and amortization for the period. Our sample calculation shows, that new investments were slightly lower than depreciation. Depreciation was thus nearly fully reinvested, which allows us to conclude that the company invests in order to keep operations stable. A ratio higher than 100% would indicate further expansion. This indicators' greatest added value is that the observer has a figure they can use to gain a feeling for the amount of new investments.

Advantages	Disadvantages
• Allows the amount of investments in expansion to be calculated	• Ratio depends on write-down method
• Conclusions can be drawn about maintenance investments	• Capex may not be confused with Finex (financial expenditure)
	• Only a meaningful figure when observed over time

4.6   Razón de Capex a depreciaciones

Fórmula

$$\frac{\text{Capex (pagos por inversiones en inmovilizado)}}{\text{depreciaciones}} \times 100\,\%$$

Ejemplo de cálculo

$$\frac{474}{492} \times 100\,\% = \mathbf{96{,}34\,\%}$$

Comentario

Este indicador establece una relación entre el Cash Flow por inversiones en el inmovilizado (o Capital Expenditure = Capex) y las depreciaciones del período. El ejemplo de cálculo permite apreciar que el volumen de inversiones nuevas es inferior al de las depreciaciones, aun cuando la diferencia es mínima. Esto indica que las depreciaciones no fueron reinvertidas por completo, lo que permite concluir que no se efectuaron inversiones por ampliaciones y que el negocio operativo se ha mantenido estable mediante reinversiones. El gran valor de este indicador radica en que el observador dispone de una magnitud orientadora que le permite obtener una impresión sobre el volumen de las nuevas inversiones.

Ventajas	Desventajas
• La magnitud de las inversiones por ampliaciones puede ser determinada	• Dependencia del método de depreciación
• Permite sacar conclusiones sobre inversiones en conservación	• Capex no debe ser confundido con Finex (Financial Expenditure)
	• Sólo en el curso del tiempo es una magnitud apropiada

4.7   Capex to sales

Formula

$$\frac{\text{Capex, net}}{\text{Sales}} \times 100\%$$

Sample calculation

$$\frac{474}{14,019} \times 100\% = \textbf{3.38\%}$$

Explanation

The indicator Capex to sales is the ratio of net annual investments in a company's assets as a component of the cash flow from investing activities to total sales.

This indicator thus expresses the percentage of revenue that was re-invested. This indicator is dynamic and thus more difficult to impact than static indicators.

Advantages	Disadvantages
• Allows increases in efficiency to be calculated	• No clear information, as a lower ratio could express both efficiency increases as well as omissions in investment policy
• Allows conclusions to be drawn regarding omissions in investment policy	• Only a meaningful figure when taken over time
• Revenue is less susceptible to accounting policy (and is thus a »purer« indicator than depreciation/amortization)	• Can fluctuate heavily over time

4.7 Razón de Capex a ventas y prestaciones de servicio

Fórmula

$$\frac{\text{Capex (pagos por inversiones en inmovilizado)}}{\text{ventas y prestaciones de servicio}} \times 100\ \%$$

Ejemplo de cálculo

$$\frac{474}{14.019} \times 100\ \% = \mathbf{3{,}38\ \%}$$

Comentario

Este indicador, a saber, la razón de Capex a ventas y prestaciones de servicio, establece una relación entre las inversiones anuales en el inmovilizado, como parte del Cash Flow por actividades de inversión, y las ventas y prestaciones de servicio.

Con ello, este indicador expresa cuál es el porcentaje de ventas y prestaciones de servicio destinado a nuevas inversiones. Este indicador es dinámico y por consiguiente más difícil de influenciar que los indicadores estáticos.

Ventajas	Desventajas
• Permite determinar aumentos de eficiencia	• No suministra información inequívoca, ya que un valor bajo de la razón puede expresar tanto aumentos en la eficiencia como errores en la política de inversión
• Permite sacar conclusiones sobre errores en la política de inversión	
• Ventas y prestaciones de servicio se ven menos afectadas por medidas de políticas de balance (por lo que es un indicador más puro que el basado en depreciaciones)	• Magnitud apropiada sólo en el curso del tiempo
	• Puede sufrir fuertes variaciones en el curso del tiempo

Chapter / Capítulo 5

Profitability ratios /
Indicadores de ganancias

5.1 EBIT margin

Formula

$$\frac{\text{EBIT}}{\text{Sales}} \times 100\,\%$$

Sample calculation

$$\frac{1{,}452}{14{,}019} \times 100\,\% = \mathbf{10.36\,\%}$$

Explanation

The EBIT margin (or operating margin) shows the percentage of earnings from operations before interest, taxes and the financial result that a company was able to record per unit of revenue. This indicator thus provides information on a company's earnings power. The higher the EBIT margin, the stronger the impact of a change in sales will be on earnings. If no positive EBIT margins are generated over a longer period, then in the case of established companies, the business model must be questioned. The EBIT margin is suitable for use as a relative indicator in international, cross-industry comparisons of companies. When considered over time, this indicator provides information on whether a company has been able to increase its earnings power. If the company has not been able to succeed in this endeavor, then the reasons for this should be analyzed.

Advantages	Disadvantages
• Simplifies international comparability	• Various write-down methods make comparability more difficult
• Independent of national tax requirements	• Distortion from inclusion of income which cannot be directly allocated to operating activities
• Independent of type of financing	
• Used for comparison over time	• The quality of operating results can worsen even though the earnings themselves are rising (e.g., if R&D costs fall)

5.1 Margen de EBIT

Fórmula

$$\frac{EBIT}{\text{ventas y prestaciones de servicio}} \times 100\ \%$$

Ejemplo de cálculo

$$\frac{1.452}{14.019} \times 100\ \% = \mathbf{10,36\ \%}$$

Comentario

El margen de EBIT (EBIT = Earnings before interest and taxes) indica cuál es el tanto por ciento de las ganancias operativas antes de intereses, impuestos y resultado financiero que una empresa pudo alcanzar por unidad de ventas y prestaciones de servicio. Por ello, el indicador suministra información sobre la capacidad de generación de beneficios de una empresa. Mientras mayor sea el margen de EBIT, mayor será el efecto que sobre el resultado tendrá una variación de las ventas y prestaciones de servicio. Si en una empresa establecida no se obtienen márgenes de EBIT positivos a lo largo de un tiempo relativamente largo, se estaría ante una situación de cuestionamiento del modelo de negocio empresarial. El margen de EBIT, en su calidad de indicador relativo, resulta apropiado para la comparación internacional de empresas a través de distintos ramos. Considerado en el curso del tiempo proporciona información en cuanto a si una empresa ha o no logrado aumentar su capacidad de generación de beneficios. Si no fuera este el caso, deberían indagarse las causas precisas de ello.

Ventajas	Desventajas
• Simplifica la comparación internacional	• Diferentes modalidades de depreciación dificultan la comparación
• Es independiente de prescripciones tributarias nacionales	• Distorsión por la inclusión de ingresos que no pueden ser asignados directamente al negocio operativo
• Es independiente de la forma de financiación	• La calidad del resultado operativo puede ser empeorada y sin embargo el resultado propiamente tal puede ser mejorado (p. ej. disminución de los costes de I + D)
• Sirve para la comparación en el curso del tiempo	

5.2   EBITDA margin

Formula

$$\frac{EBITDA}{Sales} \times 100\%$$

Sample calculation

$$\frac{1,944}{14,019} \times 100\% = \mathbf{13.87\%}$$

Explanation

The EBITDA margin taxes show the percentage of operating income before interest expense (income), and depreciation/amortization that a company was able to record per unit of revenue.

This indicator thus provides information on a company's earnings strength. The EBITDA margin is a valuable indicator in particular in international comparisons, as the various accounting standards, tax laws and write-down policies do not impact calculation of the margin. In addition, this indicator is also suitable for use by young companies which are not yet recording any profits. In these cases, a positive EBITDA margin indicates the ability of the business model to work profitably.

Advantages	Disadvantages
• Simplifies international comparisons	• Strategic equity interests are not considered if not consolidated
• Not impacted by various write-down modalities	• Significant cost blocks can be eliminated from the income statement via the formation of joint ventures
• Allows statements to be made on expense development over time	• Varying expense components can impact the amount and quality of this indicator

5.2 Margen de EBITDA

Fórmula

$$\frac{\text{EBITDA}}{\text{ventas y prestaciones de servicio}} \times 100\ \%$$

Ejemplo de cálculo

$$\frac{1.944}{14.019} \times 100\ \% = \textbf{13,87 \%}$$

Comentario

El margen de EBITDA indica cuál es el tanto por ciento de las ganancias operativas antes de intereses, impuestos y depreciaciones que una empresa pudo alcanzar por unidad de ventas y prestaciones de servicio. Por ello, el indicador suministra información sobre la capacidad de generación de beneficios de una empresa. El margen de EBITDA es especialmente útil en el caso de comparaciones internacionales, ya que su cálculo está exento de la influencia de diferentes prescripciones de presentación y publicación de cuentas, leyes tributarias o la política de depreciación. Además es muy apropiado para empresas nuevas que aún no generan ganancias. Un margen de EBITDA positivo es en este caso un indicador de la capacidad de funcionamiento del modelo de negocio.

Ventajas	Desventajas
• Simplifica la comparación internacional	• Participaciones estratégicas quedan fuera de consideración en caso de no haber consolidación
• No es influenciado por las distintas modalidades de depreciación	• Como consecuencia de la formación de Joint Ventures pueden eventualmente ser eliminados de la cuenta de pérdidas y ganancias considerables bloques de costes
• Admite suministro de información sobre el desarrollo de los costes en el curso del tiempo	• Mediante la variación de componentes de gastos puede ser influenciada tanto la magnitud como la calidad de este indicador

5.3   Gross profit margin

Formula

$$\frac{\text{Gross profit}}{\text{Sales}} \times 100\%$$

Sample calculation

$$\frac{9,015}{14,019} \times 100\% = \textbf{64.31\%}$$

Explanation

The gross profit margin tells us the percentage of sales that the company has available as gross profit (total sales less cost of sales). Retailers also speak of the retail margin. The growth of this indicator shows how a company's procurement prices have changed. The indicator also offers information on the possible latitude available for price cuts if competition becomes more intense.

Advantages	Disadvantages
• The gross profit margin allows conclusions to be drawn about production and procurement efficiency	• The gross profit margin is only meaningful in conjunction with the EBIT margin, as there may be changes to accounting policy due to the different classification of production costs
• Used in industry comparisons	
• Provides information on a company's competitive strength (possibility to cut prices)	• Not meaningful in cross-industry comparisons

5.3   Margen de ganancia bruta

Fórmula

$$\frac{\text{Resultado bruto}}{\text{ventas y prestaciones de servicio}} \times 100\ \%$$

Ejemplo de cálculo

$$\frac{9.015}{14.019} \times 100\ \% = \textbf{64,31 \%}$$

Comentario

El margen de ganancia bruta indica el tanto por ciento de los ingresos por ventas y prestaciones de servicio que están a disposición de la empresa en calidad de ganancia bruta (ventas y prestaciones de servicio menos gastos directos de producción y materiales). En el comercio también se usa la expresión "margen comercial". Este indicador muestra la variación en el curso del tiempo de los precios de adquisición de una empresa. También, entre otros, suministra información sobre la dimensión de un posible margen de reducción de precios, supuesto que la competencia se agudice.

Ventajas	Desventajas
• El margen de ganancia bruta permite obtener conclusiones sobre la eficiencia de producción y adquisición	• Sólo tiene significancia informativa en conjunción con el margen de EBIT, dado que, como consecuencia de una diferente asignación de costes de producción, pueden realizarse cambios de políticas de balance
• Sirve para la comparación de industrias	
• Proporciona información sobre la capacidad de una empresa para enfrentar la competencia (posibilidad de reducir los precios)	• Carece de fuerza informativa para la comparación de diferentes ámbitos industriales

5.4   Return on total capital

Formula

$$\frac{\text{Net income} + \text{Income tax} + \text{Interest expense, net operating}}{\text{Total liabilities and shareholders' equity}} \times 100\%$$

Sample calculation

$$\frac{882 + 594 + 12}{10{,}134} \times 100\% = \mathbf{14.68\%}$$

Explanation

This ratio shows the interest on total capital, which comprises both total equity and liabilities. In this ratio, taxes and interest expense are added to net income in order to achieve better comparability. Over time, observers can interpret the company's performance and make comparisons with other companies. This indicator is generally used as a starting point for all further analyses using profitability indicators.

Advantages	Disadvantages
• Very meaningful regarding return on total capital	• Highly dependent on accounting policy
• Cross-industry comparisons possible	• Poor meaningfulness for high-growth companies

5.4   Rentabilidad del capital total

Fórmula

$$\frac{\text{Excedente del ejercicio} + \text{impuestos} + \text{intereses capital ajeno}}{\text{capital total (capital propio} + \text{capital ajeno)}} \times 100\ \%$$

Ejemplo de cálculo

$$\frac{882 + 594 + 12}{10.134} \times 100\ \% = \mathbf{14{,}68\ \%}$$

Comentario

La rentabilidad del capital total suministra el interés del capital empleado, tanto del capital propio como del ajeno. Con el objeto de obtener una mejor comparación, en este indicador se añaden al excedente del ejercicio, impuestos e intereses. En el curso del tiempo, el lector del balance puede interpretar el rendimiento de la empresa y realizar comparaciones con otras empresas. En general, este indicador sirve como punto de partida para todos los restantes análisis efectuados con la ayuda de indicadores de rentabilidad.

Ventajas	Desventajas
• Buena capacidad informativa en relación con el interés del capital total	• Gran dependencia de la política de balance
• Permite comparación de diferentes ramos	• Escasa significación informativa tratándose de empresas de gran crecimiento

5.5 Return on equity

Formula

$$\frac{\text{Net income excl. extraordinary items}}{\text{Total equity}} \times 100\%$$

Sample calculation

$$\frac{882}{5,493} \times 100\% = \mathbf{16.06\%}$$

Explanation

The return on equity is calculated by dividing net income excluding extraordinary items by total equity, i.e. the common shareholders' equity. This indicator shows the rate of return on shareholders' capital for the period. Given constant profits, the return on equity increases the lower the level of equity employed (leverage effect).

A company's goal must be to generate a return that corresponds to the interest rate on the capital markets plus an industry-dependent risk premium (in total generally between 5-10%).

Advantages	Disadvantages
• Highly relevant in practice	• Returns should be observed over the long term
• Good indicator for investments	• Debt is not taken into account
• Meaningful in cross-industry comparisons	• Accounting options can falsify net income

5.5   Rendimiento del capital propio

Fórmula

$$\frac{\text{Excedente del ejercicio} \pm \text{resultado extraordinario}}{\text{capital propio}} \times 100\ \%$$

Ejemplo de cálculo

$$\frac{882}{5.493} \times 100\ \% = \mathbf{16,06\ \%}$$

Comentario

El rendimiento del capital propio establece una relación entre el excedente del ejercicio, rectificado por el valor del resultado extraordinario, y el capital propio del período, según balance. El indicador proporciona por consiguiente información sobre el interés producido por el capital de los accionistas. Si las ganancias permanecen constantes, el rendimiento aumenta, mientras más bajo sea el capital propio aplicado (efecto palanca del capital ajeno).
El objetivo de una empresa ha de ser, lograr un rendimiento superior al interés del mercado de capitales incrementado en una prima por riesgo dependiente del ramo específico (en total aprox. 5 – 10 %).

Ventajas	Desventajas
• De gran relevancia práctica	• El rendimiento debería ser observado a lo largo de un período de tiempo relativamente largo
• Buen indicador para decisiones de inversión	
	• No considera el endeudamiento
• Posee significación informativa incluso para análisis que abarquen diferentes ramos	• Alternativas de opción de presentación del balance pueden falsear el valor indicado por el indicador

5.6   Return on average total assets

Formula

$$\frac{\text{Net income}}{\text{Average total assets}} \times 100\%$$

Sample calculation

$$\frac{882}{\dfrac{(10{,}134 + 9{,}894)}{2}} \times 100\% = \mathbf{8.81\%}$$

Explanation

This ratio compares net income to average total assets, which corresponds to the return on total capital. In this ratio, taxes and interest expense are not adjusted, which makes comparability between companies more difficult, as net income is strongly affected by accounting policies. Over time, analysts can interpret the company's performance.

Advantages	Disadvantages
• Good indicator over time for evaluating a company's performance in the long-term	• Cross-company comparisons are difficult
• Easy to calculate	• Depreciation policy has a major impact on net income and assets
• Average total assets makes indicator less static	• Companies that do not invest are for years are rewarded with an increasing return on average total assets
	• Leasing is not included

5.6 Rendimiento promedio del activo total

Fórmula

$$\frac{\text{Excedente del ejercicio}}{\text{patrimonio activo total promedio}} \times 100\ \%$$

Ejemplo de cálculo

$$\frac{882}{\dfrac{(10.134 + 9.894)}{2}} \times 100\ \% = \textbf{8,81 \%}$$

Comentario

El rendimiento promedio del activo total es similar al rendimiento del capital total, sin embargo, en el caso presente se considera sólo el excedente del ejercicio para establecer la relación con el promedio de los elementos patrimoniales del activo. El hecho de que impuestos y gastos por intereses no son ajustados afecta la capacidad de comparación del indicador, dado que el excedente del ejercicio es influenciado por una gran cantidad de prescripciones de presentación y publicación de cuentas. Sin embargo, en el curso del tiempo se puede apreciar la performance de una empresa.

Ventajas	Desventajas
• A largo plazo es un buen indicador de la capacidad de rendimiento de una empresa	• La realización de comparaciones que rebasen el ámbito de un determinado ramo resulta cuasi imposible
• Fácil de calcular	• La política de depreciación tiene gran influencia sobre el excedente del ejercicio
• Debido a la consideración del valor promedio de los activos el indicador es algo menos estático	• Empresas que no invierten durante varios años obtienen valores crecientes de este indicador
	• Leasing no considerados en el balance quedan fuera de consideración

5.7   Return on invested capital (ROIC)

Formula

$$\frac{\text{NOPAT}}{\text{Invested capital}} \times 100\,\%$$

Sample calculation

$$\frac{851}{7,389} \times 100\,\% = \mathbf{11.52\,\%}$$

Explanation

Return on invested capital (ROIC) shows the return on the company's adjusted, invested capital. In order to take various financing structures into account, when calculating this indicator the invested capital (calculation see page 66) is compared with NOPAT (see page 36). At the same time, ROIC is also the preliminary stage in calculating economic value added® (see page 232), which tells us that a company only creates value for its shareholders (so-called shareholder value) if the ROIC is higher than a company's cost of capital.

Advantages	Disadvantages
• Used in calculating the profitability generated purely from operating activities	• Adjustments allow a certain latitude
• Invested capital reflects the pure operating assets	• Costs of capital are not taken into account
• Components are also taken into account that are not reflected in total assets, such as leasing	• We must not forget, that assets which are not considered as operating assets must also generate a return

5.7   Return on Invested Capital (ROIC)

Fórmula

$$\frac{\text{NOPAT}}{\text{capital invertido}} \times 100\ \%$$

Ejemplo de cálculo

$$\frac{851}{7.389} \times 100\ \% = \mathbf{11{,}52\ \%}$$

Comentario

El Return on Invested Capital (ROIC) es el rendimiento del capital rectificado empleado por una empresa. Con el objeto de considerar diferentes estructuras de financiación se establece para el cálculo del indicador la razón de NOPAT (v. pág. 37) al capital invertido (cálculo ver pág. 67). El ROIC es a su vez la etapa previa para la determinación del Economic Value Added® (ver pág. 233), según el cual una empresa sólo crea valor para los accionistas (el llamado Shareholder Value) en la medida en que el ROIC sobrepase los costes de capital de una empresa.

Ventajas	Desventajas
• Sirve para la determinación de la rentabilidad obtenible puramente por la actividad de explotación	• Ajustes permiten un cierto grado de libertad
• El capital invertido refleja el patrimonio activo operativo puro	• Los costes de capital no son considerados
• También se consideran componentes que no aparecen en el total del balance (p. ej. Leasing)	• No debe olvidarse que los elementos patrimoniales del activo que no son considerados dentro del patrimonio activo operacional, también deben generar un rédito

5.8 Return on capital employed (ROCE)

Formula

$$\frac{EBIT}{\text{Fixed assets, net + Working capital}} \times 100\%$$

Sample calculation

$$\frac{1,452}{3,093 + 3,453} \times 100\% = \mathbf{22.18\%}$$

Explanation

Return on capital employed (ROCE) contrasts EBIT with the capital employed during a period, which allows us to calculate the company's earnings power. As a rule, capital employed is defined as being an asset, on the liabilities side it would correspond to equity plus pension provisions and net financial liabilities.

The problem with ROCE is that the indicator is based on residual book values (that have already been written down). This means that the returns would always increase over time, even if the company made no further investments.

Advantages	Disadvantages
• Measures pure operational success	• Based on accounting material
• An adjustment is made to income and assets which do not serve the operating process	• Costs of capital are not taken into account
• The return is shown as a ratio on capital employed (significantly better indicator than income after tax)	

5.8   Return on Capital Employed (ROCE)

Fórmula

$$\frac{EBIT}{\text{inmovilizado (neto)} + \text{Working Capital}} \times 100\ \%$$

Ejemplo de cálculo

$$\frac{1.452}{3.093 + 3.453} \times 100\ \% = \textbf{22,18 \%}$$

Comentario

El Return on Capital Employed (ROCE) establece una relación entre EBIT y el capital empleado en un período, con lo cual se determina la capacidad de generación de beneficios del capital total. Normalmente, el Capital Employed está definido como activo; como pasivo correspondería al capital propio más provisiones por pensiones y obligaciones financieras netas.

La problemática del ROCE consiste en que el indicador se basa en valores libro residuales (ya depreciados). Ello significaría que la magnitud del rendimiento crecería continuamente en el curso del tiempo, incluso si la empresa no realiza nuevas inversiones.

Ventajas	Desventajas
• Evalúa el éxito puramente operativo	• Se basa en material numérico contable
• Tiene lugar una rectificación de ganancias y patrimonio activo que no sirven al proceso operativo de la explotación	• Los costes de capital no son considerados
• Se establece relación entre rendimiento y capital empleado (indicador claramente superior a ganancias después de impuestos)	

5.9   Return on investment (ROI)

Formula

Return on sales × Turnover (or capital turnover)

$$= \frac{\text{Net income}}{\text{Sales}} \times \frac{\text{Sales}}{\text{Total liabilities and shareholders' equity}} \times 100\%$$

Sample calculation

$$\frac{882}{14,019} \times \frac{14,019}{10,134} \times 100\% = 0.063 \times 1.38 \times 100\% = \mathbf{8.69\%}$$

Explanation

Return on investment comprises the return on sales multiplied with the turnover of total equity and liabilities. If summarized (cancel out sales from the fractions) this would only show the profit on total equity and liabilities. However the expanded formula shows the value driver of return on investment in a more transparent manner. When taken over time, this indicator helps in measuring the performance of the capital employed and the expanded formula allows the reasons for changes to be recognized more quickly.

Advantages	Disadvantages
• Key indicator for investment decisions	• Investment activities can negatively impact this indicator
• Comparable across industries	• Write-downs for assets have a major impact
• Transparency for factors that cause change over time (costs, price, margins)	• Companies that do not invest are rewarded with a better ROI

5.9   Return on Investment (ROI)

Fórmula

Rentabilidad de ventas y prestaciones de servicio x frecuencia de rotación (o bien rotación del capital)

$$\frac{\text{Ganancia}}{\text{ventas y prest. de servicio}} \times \frac{\text{ventas y prest. de servicio}}{\text{capital total}} \times 100\ \%$$

Ejemplo de cálculo

$$\frac{882}{14.019} \times \frac{14.019}{10.134} \times 100\ \% = 0{,}063 \times 1{,}38 \times 100\ \% = \mathbf{8{,}69\ \%}$$

Comentario

El return on Investment es el resultado del producto de la rentabilidad de las ventas y prestaciones de servicio por la frecuencia de rotación del capital total.

En su expresión reducida (simplificación por ventas y prestaciones de servicio) sólo representaría la relación de las ganancias al capital total. Sin embargo, la expresión completa muestra con mayor transparencia los propulsores de valor del Return on Investment. En el curso del tiempo, el indicador sirve para la medición de la performance del capital empleado y permite, en la versión completa, identificar con mayor rapidez los motivos para la realización de cambios.

Ventajas	Desventajas
• Importante indicador para adopción de decisiones sobre inversiones	• Actividades de inversión pueden tener efecto negativo sobre el indicador
• Permite realización de comparaciones que rebasan el ámbito de un determinado ramo	• Las depreciaciones del inmovilizado ejercen influencia considerable
• Transparencia de los factores que producen cambios en el curso del tiempo (costes, precios, márgenes)	• Las empresas que no invierten son premiadas con un mejor ROI

5.10   Return on sales

Formula

$$\frac{\text{Net income}}{\text{Sales}} \times 100\%$$

Sample calculation

$$\frac{882}{14{,}019} \times 100\% = \mathbf{6.3\%}$$

Explanation

If we divide profits (net income) by sales we can see the return on sales. This indicator shows the percentage of sales accrues to the company as profits after the deduction of all costs, the financial result, taxes and extraordinary items. The return on sales is a meaningful figure, in particular within a company when comparing individual group units, to assess which unit was able to generate which return. This allows a differentiation to be made between profitable and non-profitable business units. However, profits are highly subject to fluctuations, which means that the EBIT margin is more meaningful than the return on sales.

Advantages	Disadvantages
• Information on productivity	• Highly product-dependent, thus limited comparability
• May be possible to recognize cost-cutting potential	• Very highly industry-dependent
	• No information whether extra-ordinary factors improved the ratio or not
	• Profits can be manipulated more easily than cash flow

5.10 Rendimiento de ventas y prestaciones de servicio

Fórmula

$$\frac{\text{Ganancias}}{\text{ventas y prestaciones de servicio}} \times 100\ \%$$

Ejemplo de cálculo

$$\frac{882}{14.019} \times 100\ \% = \textbf{6,3 \%}$$

Comentario

Si se establece una relación entre las ganancias (excedente del ejercicio) y ventas y prestaciones de servicio, se obtiene el rendimiento de ventas y prestaciones de servicio. El indicador permite apreciar, qué porcentaje de las ventas y prestaciones de servicio recibe la empresa en calidad de ganancia, después de descontados todos los costes, el resultado financiero, impuestos y posiciones extraordinarias. Especialmente hacia el interior de una empresa, el rendimiento de ventas y prestaciones de servicio es una magnitud muy adecuada para la comparación de determinadas unidades de un grupo, de modo de poder juzgar el rendimiento específico de los distintos sectores, siendo entonces posibles diferenciar las unidades rentables de las que no lo son. Sin embargo, el beneficio es muy susceptible a variaciones, por lo que el margen de EBIT posee una mayor significación informativa que el rendimiento de ventas y prestaciones de servicio.

Ventajas	Desventajas
• Suministra información respecto de la productividad	• Fuerte dependencia del producto y por consiguiente limitadas posibilidades de comparación
• Permite eventualmente detectar potenciales de reducción de costes	• Dependencia muy fuerte del ramo
	• No suministra información en cuanto a si los efectos extraordinarios mejoraron o no la relación
	• El beneficio es más manipulable que el Cash Flow

5.11 Cash flow margin

Formula

$$\frac{\text{Cash flow from operating activities}}{\text{Sales}} \times 100\%$$

Sample calculation

$$\frac{1{,}248}{14{,}019} \times 100\% = \mathbf{8.90\%}$$

Explanation

The cash flow margin, also known as cash flow profitability is calculated by comparing the cash flow from operating activities to sales of a fiscal year. The cash flow margin is therefore an indicator, what percentage of total sales is available for investments, credit redemption or dividend payments. It is also meaningful for assessing the company's earnings and financing power, as cash flow is less manipulated than EBIT for example. As a consequence, a decreasing EBIT margin over time due to increased depreciation and amortization can be put into perspective when comparing it to the cash flow margin.

Advantages	Disadvantages
• Hard to manipulate for purposes of balance sheet policies	• Can vary strongly over time
• Good indicator for operative earnings power of a company over time	• The cash flow of a single period has only minimal significance

5.11 Margen de Cash Flow

Fórmula

$$\frac{\text{Cash Flow de actividad operativa}}{\text{ventas y prestaciones de servicio}} \times 100\ \%$$

Ejemplo de cálculo

$$\frac{1.248}{14.019} \times 100\ \% = \mathbf{8{,}90\ \%}$$

Comentario

El margen de Cash Flow, también llamado Cash Flow de ganancias o cuota de conversión, se calcula estableciendo la relación entre el Cash Flow operativo y ventas y prestaciones de servicio del respectivo período. El margen de Cash Flow indica, cuál es el porcentaje de los ingresos por ventas y prestaciones de servicio que está a disposición de la empresa para inversiones, pago de deudas y pago de dividendos. También es un buen indicador de la capacidad operativa de generación de beneficios y financiación de una empresa, dado que las políticas de balance afectan más al Cash Flow que p. ej. al EBIT. Es así que, a modo de ejemplo, un margen de EBIT decreciente en el curso del tiempo como consecuencia de depreciaciones crecientes puede ser objetivizado mediante una observación adicional del margen de Cash Flow.

Ventajas	Desventajas
• Muy poco influenciable por políticas de balance	• Puede sufrir fuertes variaciones en el curso del tiempo
• Buen indicador de la capacidad operativa de generación de beneficios de una empresa en el curso del tiempo	• El Cash Flow de un solo año tiene escaso poder informativo

5.12 Reinvestment rate (I)

Formula

$$\frac{\Delta \text{ Invested capital}}{\text{NOPAT}} \times 100\%$$

Sample calculation

$$\frac{7,389 - 7,104}{851} \times 100\% = \textbf{33.49\%}$$

Explanation

The reinvestment rate shows the proportion of the operating result after taxes (NOPAT, for calculation see page 36) is reinvested in new assets which will be used to generate income in subsequent years (for calculation of invested capital see page 66). In the example above, the reinvestment rate is positive, as the invested capital increased. In case NOPAT remains at this level in future years, the return on invested capital (ROIC, see page 106) would slightly decrease.

Advantages	Disadvantages
• Information on financial strength (NOPAT is a good approximation for cash flow)	• Highly industry-dependent
• Information on innovational strength and readiness	• Poor information given changes in production
• Intention to increase productivity can be recognized	

5.12 Cuota de reinversión

Fórmula

$$\frac{\Delta \text{ capital invertido}}{\text{NOPAT}} \times 100\ \%$$

Ejemplo de cálculo

$$\frac{7.389 - 7.104}{851} \times 100\ \% = \mathbf{33,49\ \%}$$

Comentario

La cuota de reinversión presenta la parte del resultado operativo después de impuestos (NOPAT, cálculo ver pág. 37) reinvertida en elementos patrimoniales del activo destinados a obtener ingresos en los años siguientes (para cálculo del capital invertido ver pág. 67). En el ejemplo de arriba, la cuota de reinversión es positiva, ya que en comparación con el período anterior, el capital invertido aumentó. En la medida en que el NOPAT permanezca en períodos futuros en ese nivel, el ROIC (ver pág. 107) se reduciría ligeramente.

Ventajas	Desventajas
• Proporciona información sobre la capacidad de financiación (NOPAT es una buena aproximación para el Cash Flow)	• Depende fuertemente del ramo
	• Mala información en casos de cambios en la producción
• Entrega información sobre la capacidad innovadora y una disposición favorable a las innovaciones	
• Permite identificar la intención de aumentar la productividad	

5.13 Working capital to sales

Formula

$$\frac{\text{Working capital}}{\text{Sales}} \times 100\%$$

Sample calculation

$$\frac{3,453}{14,019} \times 100\% = \textbf{24.63\%}$$

Explanation

This indicator shows the ratio of working capital (see page 154) to sales and thus provides external observers the turnover of working capital for generating revenues. The ratio is strongly industry dependent, as retailers with very high turnover ratios need far less working capital for generating sales than mechanical engineering or automobile companies.

In the example above, there is a large amount of working capital at almost 25% of revenues. If we now consider another ratio, for example current assets/current liabilities ((6,888/2,814) × 100% = 244.78%), we can see that the company has more than twice as much current funding as would be necessary to repay the current liabilities. In this case, the high liquidity would initially make a very positive impression, however at the expense of profitability.

Advantages	Disadvantages
• Shows a company's capital lock-up	• Cross-industry comparisons are not meaningful
• Additional investment requirements can be calculated in particular for capacity expansions	• Capacity expansions (changes) can dilute the indicator's meaningfulness
• Allows conclusions to be drawn on the efficiency of the production process when compared within the industry	

5.13 Razón de Working Capital a ventas y prestaciones de servicio

Fórmula

$$\frac{\text{Working Capital}}{\text{ventas y prestaciones de servicio}} \times 100 \%$$

Ejemplo de cálculo

$$\frac{3.453}{14.019} \times 100 \% = \textbf{24,63 \%}$$

Comentario

Este indicador establece una relación entre el Working Capital (ver pág. 155) y las ventas y prestaciones de servicio y proporciona así al observador externo información sobre el grado de rotación del Working Capital en la generación de ventas y prestaciones de servicio. Normalmente, este indicador depende fuertemente del ramo, dado que p. ej. empresas comerciales con períodos de rotación muy cortos, necesitan considerablemente menos Working Capital que empresas de sectores como p. ej. la automoción o la construcción de máquinas.

En el ejemplo de arriba, el Working Capital posee, con aproximadamente un 25 %, una dimensión muy importante. Si se considera ahora un ratio adicional, p. ej. activo circulante / obligaciones a corto plazo ((6.888 / 2.814) x 100 % = 244,78 %), se concluye que la empresa dispone de más del doble de medios a corto plazo que lo que sería necesario para pagar las obligaciones a corto plazo. En este caso, el alto grado de liquidez proporcionaría inicialmente una muy buena impresión, sin embargo, ello sería a costas de la rentabilidad.

Ventajas	Desventajas
• Muestra la vinculación del capital de una empresa	• Comparaciones que abarquen diferentes sectores industriales carecen de significancia informativa
• Especialmente tratándose de ampliaciones de la capacidad se pueden calcular requerimientos adicionales de inversión	• En el caso de ampliaciones (o cambios) de la capacidad se puede producir una dilución de la potencia informativa
• Permite obtener conclusiones sobre la eficiencia de la producción al efectuar comparaciones con la competencia	

5.14 Sales to inventory

Formula

$$\frac{\text{Sales}}{\text{Average total inventories}}$$

Sample calculation

$$\frac{14,019}{2,023.5} = \textbf{6.93}$$

Explanation

This ratio shows the relationship between a company's revenues and its inventories. If this ratio rises over time, this should generally be regarded as being positive, as less capital is locked-up in the form of inventories. The company's goal must be to keep its inventories as low as possible without delaying deliveries. This is primarily due to the fact that the locked-up capital does not bring any return, but rather has a negative impact on returns as a result of losses or higher warehousing costs. The ratio should be compared to the industry average, i.e. retailers oftentimes only sell the supplier's products on consignment. This has the effect for the supplier, that although the products have been distributed they are still booked as inventories as long as the retailer has not sold them to the customer.

Advantages	Disadvantages
• Allows capacity requirements to be estimated	• Observed on two specific dates
• Information on financing requirements	• Highly industry-dependent
• Recognizable optimization potential	• Changes in the ratio can not be clearly identified due to one-time effects (specific date) or goods on consignment (retail power)

5.14 Frecuencia de rotación de las existencias

Fórmula

Ventas y prestaciones de servicios
stock promedio de existencias

Ejemplo de cálculo

$$\frac{14.019}{2.023,5} = \textbf{6,93}$$

Comentario

Este indicador muestra la frecuencia con que rotan las existencias en el curso de un período. Un aumento de la frecuencia de rotación en el tiempo, deberá ser considerado como algo fundamentalmente positivo, ya que disminuye el capital vinculado a stocks de mercancías. Objetivo de la empresa deberá ser, mantener los stocks al más bajo nivel posible, sin que se produzcan atrasos en el suministro. Esto se debe primeramente a que el capital vinculado no genera rédito, sino que muy por el contrario ejerce un efecto negativo sobre el rédito como consecuencia de mermas o mayores costes de almacenamiento. Este indicador debería siempre ser considerado en relación con el ramo y su desarrollo, ya que hay empresas comerciales que reciben los productos de sus proveedores sólo a consignación —algo muy usual— lo que significa para el proveedor, que aunque la mercancía ya ha sido suministrada, sigue siendo contabilizada como existencias, mientras no haya sido vendida por la empresa de comercio.

Ventajas	Desventajas
• Necesidades de capacidad pueden ser estimadas	• Consideración de días específicos
• Información sobre necesidades de financiación	• Fuerte dependencia del ramo
• Potencial de optimización identificable	• Frecuentemente no es posible explicar cambios inequívocamente, ya que pueden estar influenciados por situaciones únicas (consideración de días específicos) o por mercancías en consignación (poder económico)

5.15   Property, plant and equipment to sales

Formula

$$\frac{\text{Property, plant and equipment}}{\text{Sales}} \times 100\%$$

Sample calculation

$$\frac{2,736}{14,019} \times 100\% = \mathbf{19.52\%}$$

Explanation

This ratio compares the value of the deployed tangible assets (at actual book values) to the sales thereby generated and shows the production process's asset intensity of a company.

Usually this ratio should be viewed in connection to the reinvestment rate (see page 168) and net investments (important figure for asset intense companies). Moreover, the external analyst receives a better insight when comparing the ratio to past figures or industry standards, if the useful life of assets (i.e. the period until replacement) is considered.

Advantages	Disadvantages
• Serves to determine production efficiency over time	• Only meaningful in connection with accumulated depreciation and reinvestment rate
• Helpful for manufacturing companies	
	• A large portfolio of land and buildings may skew the resulting ratio
• Provides clarity of necessary expansion investments if future sales figures are given	
	• No consideration of leasing

5.15 Razón de inmovilizado material a ventas y prestaciones de servicio

Fórmula

$$\frac{\text{Inmovilizado material}}{\text{ventas y prestaciones de servicio}} \times 100\ \%$$

Ejemplo de cálculo

$$\frac{2.736}{14.019} \times 100\ \% = \textbf{19,52 \%}$$

Comentario

Este indicador establece la razón del valor (valor libro) del inmovilizado material a los ingresos de ventas y prestaciones de servicio con él obtenidos e indica consecuentemente la intensidad del inmovilizado material en el proceso de producción de una empresa. Sin embargo, este indicador debe ser considerado en conjunción con la "cobertura de inversión" (ver pág. 169) y las inversiones netas (indicador importante, especialmente tratándose de empresas intensas en inmovilizado). Para quien lea un balance será también importante para la comparación con valores del período anterior y empresas de la competencia tener conocimiento sobre el tiempo de utilización del inmovilizado así como del tiempo que habrá de transcurrir hasta la realización de las inversiones de sustitución.

Ventajas	Desventajas
• Sirve para determinar la eficiencia de la producción en el curso del tiempo	• Sólo posee significación informativa en conjunción con las depreciaciones acumuladas y la cobertura de inversiones
• Útil en el caso de empresas productoras	• Una alta participación de edificios y solares falsea los valores entregados por el indicador
• Para una planificación de ventas y prestaciones de servicio dada, crea claridad respecto de las inversiones de ampliación requeridas	• No considera el Leasing

5.16 Fixed asset turnover

Formula

$$\frac{\text{Depreciation on property, plant and equipment}}{\text{Averaged property, plant and equipment at historical costs}}$$

Sample calculation

$$\frac{402}{\dfrac{(2{,}736 + 2{,}650) + (2{,}751 + 2{,}248)}{2}} = \frac{402}{5{,}192.5} = \mathbf{0.08}$$

Explanation

This indicator shows the proportion of fixed assets which were »earned« again in this period. This figure shows us that fixed assets at historical cost were turned over at a rate of 0.08 times. An increase in the factor means that the period of use of the assets is shorter, however this figure is easily distorted as a result of write-down methods for various groups/investment focuses. Expressed in years, at an asset turnover of 0.08 it would take 12.5 years before the write-downs had covered the book value of fixed assets.

Advantages	Disadvantages
• Good industry comparison	• Depends on write-down methods
• Meaningful for technical innovations	• No information on productivity and useful lives
• High transparency regarding investment activities	• Low meaningfulness as a result of non-transparent investment focuses

5.16 Frecuencia de rotación del inmovilizado material

Fórmula

$$\frac{\text{Depreciaciones del inmovilizado}}{\text{stock promedio del inmovilizado a precios de adquisición y fabricación}}$$

Ejemplo de cálculo

$$\frac{402}{\dfrac{(2.736 + 2.650) + (2.751 + 2.248)}{2}} = \frac{402}{5.192,5} = \mathbf{0{,}08}$$

Comentario

Este indicador, cuyos valores el lector del balance podrá obtener del cuadro de evolución del inmovilizado, representa la parte del inmovilizado que fue "ganada nuevamente" en el período en cuestión. Este número revela que el inmovilizado a costes de adquisición históricos rotó con una frecuencia de rotación de 0,08. Un aumento del factor significa que el tiempo de empleo del inmovilizado se reduce, pero puede ser fácilmente distorsionado por los métodos de depreciación según grupos y centros de gravedad de inversión. Expresado en años, con una frecuencia de rotación de 0,08 se necesitarían 12,5 años para que las depreciaciones y salidas cubrieran los costes de adquisición.

Ventajas	Desventajas
• Buena comparación en el ramo	• Dependencia de métodos de depreciación
• Significancia informativa respecto de innovaciones técnicas	• No proporciona información sobre productividad y tiempo de utilización
• Alta transparencia con respecto a la actividad de inversión	• Escasa significación informativa por centros de gravedad de inversión no transparentes

5.17 Current asset turnover

Formula

$$\frac{\text{Sales}}{\text{Average current assets}}$$

Sample calculation

$$\frac{14,019}{\dfrac{(6,888 + 6,552)}{2}} = \mathbf{2.09}$$

Explanation

The current asset turnover shows how often a unit of current assets was turned over in the period under review. For this purpose, the average stock of current assets corresponds to the arithmetic average of the starting and closing stock of current assets.

The turnover shows the lock-up period for the current assets and allows conclusions to be drawn about the amount of capital required. The higher this indicator, the more positive. Too low a turnover has the consequence of reducing the warehouse stocks (e.g., via just in time), the cash in hand (e.g., via reinvestment) or the reduction of receivables (e.g., factoring). Among retailers, turnover is the key indicator for managing merchandise.

We can also express current asset turnover in terms of days: 365/2.09 = 174.64 days. That means, that it takes approx. six months to turn over the entire current assets.

Advantages	Disadvantages
• Used for comparisons within an industry	• Hard to compare across industries
• Provides information on the efficiency of the sales process (e.g., for retail companies)	• The more differentiated a company's activities, the lower the meaningfulness
• More important than the total asset turnover for retail companies	• Only meaningful for comparable products

5.17 Frecuencia de rotación del activo circulante

Fórmula

$$\frac{\text{Ventas y prestaciones de servicio}}{\text{stock promedio del activo circulante}}$$

Ejemplo de cálculo

$$\frac{14.019}{\dfrac{(6.888 + 6.552)}{2}} = \mathbf{2,09}$$

Comentario

La frecuencia de rotación del activo circulante indica el número de veces que un elemento de ese activo ha sido rotado en el período en consideración, siendo el stock promedio de dicho activo circulante el promedio aritmético de sus valores inicial y final.

La frecuencia de rotación revela el tiempo de vinculación del activo circulante y permite obtener conclusiones respecto de las necesidades de capital. Mientras mayor sea este indicador, más positiva será su valoración. Como consecuencia de una frecuencia de rotación muy baja se debería reducir el nivel de stock (p. ej. por medio de "just in time"), el nivel de caja (p. ej. mediante reinversión) o bien el de Deudores (p. ej. Factoring). En las empresas comerciales, la frecuencia de rotación es el indicador fundamental para el control del comercio de mercancías. Para expresar la frecuencia de rotación del activo circulante en días: 365/2,09 = 174,64 días. Esto significa que el tiempo requerido para que todo el activo circulante haya rotado una vez es de aproximadamente 6 meses.

Ventajas	Desventajas
• Sirve para efectuar comparaciones dentro del ramo	• Poco apto para comparaciones entre sectores industriales
• Proporciona información sobre la eficiencia del proceso de ventas y prestaciones de servicio, p. ej. en el caso de empresas comerciales	• Mientras más diferenciada sea la actuación de las empresas, menor es la significancia informativa
• Para empresas comerciales posee mayor significación informativa que la rotación de todo el patrimonio activo	• Posee capacidad informativa, solamente para productos comparables

127

5.18 Total asset turnover

Formula

$$\frac{\text{Sales}}{\text{Total assets}}$$

Sample calculation

$$\frac{14,019}{10,134} = \textbf{1.38}$$

Explanation

The total asset turnover shows how often all assets (and thus also the total shareholders' equity and liabilities) were turned over during the period under review, i.e., the extent to which the assets held are actually turned over in terms of sales.

This turnover ratio can also be expressed in days: 365 / 1.38 = 264.5 days. This means that it takes approx. nine months to earn the amount of total assets.

Advantages	Disadvantages
• Information on duration of capital lock-up	• Highly industry dependent
• Information on capacity requirements	• No information on profitability
• Good information on turnover period	

5.18 Frecuencia de rotación del activo total

Fórmula

$$\frac{\text{Ventas y prestaciones de servicio}}{\text{patrimonio activo total}}$$

Ejemplo de cálculo

$$\frac{14.019}{10.134} = \mathbf{1,38}$$

Comentario

La frecuencia de rotación del activo total indica el número de veces que la totalidad de elementos patrimoniales del activo (y con ello también todo el capital) han rotado en el período de tiempo considerado, es decir, la medida en que los elementos disponibles del patrimonio activo realmente se reflejan en ventas y prestaciones de servicio.

También en este caso se puede expresar la frecuencia de rotación en días: 365/1,38 = 264,5 días. Esto significa que se necesitan aprox. nueve meses para reintegrar el importe del activo total.

Ventajas	Desventajas
• Información sobre duración de la vinculación del capital	• Alta dependencia del ramo
• Información sobre necesidades de capacidad	• No proporciona información sobre la rentabilidad
• Buena información sobre período de rotación	

5.19 Receivables turnover

Formula

$$\frac{\text{Sales}}{\text{Average total receivables}}$$

Sample calculation

$$\frac{14,019}{\dfrac{(2,064 + 2,025)}{2}} = \mathbf{6.86}$$

Explanation

Receivables turnover shows the factor by which sales exceed the company's average total receivables. The lower this indicator, the greater the danger for the company that, if a customer becomes unable to make payment, the company itself will run into liquidity problems. When analyzing this indicator, we must also consider the number of debtors over which the receivables are distributed on average.

If there are only a few debtors, then the dependency on the debtors' solvency and payment readiness increases. The greater the receivables turnover, the faster the respective company's receivables are paid. If the receivables turnover is too low, this can generally be optimized by active credit control. As a result, this indicator also reflects the company's ability to collect outstanding receivables. The counterpart of receivables turnover is days sales outstanding (DSO), see page 132.

Advantages	Disadvantages
• Information on liquidity	• Possible distortion from a few, very old receivables
• Information on debtors' credit-worthiness	• No information on number of customers (risk distribution)
• Information on need for financing	• No information on average size of outstanding payments
• Information on company's credit control	• Cross-industry comparisons are difficult

5.19   Rotación de Deudores

Fórmula

$$\frac{\text{Ventas y prestaciones de servicio}}{\text{nivel promedio de Deudores}}$$

Ejemplo de cálculo

$$\frac{14.019}{\dfrac{(2.064 + 2.025)}{2}} = \mathbf{6{,}86}$$

Comentario

La rotación de Deudores indica cuál es el factor por el que ventas y prestaciones de servicio superan el nivel promedio de Deudores de la empresa. Mientras menor sea este indicador, mayor es el peligro que corre la empresa de tener dificultades, en caso de que el/los clientes sea(n) afectado(s) por insolvencia, y terminar también por ser afectada por la insolvencia. En el análisis de este indicador deberá asimismo observarse, entre cuantos deudores se reparte el importe total de Deudores.

Si son pocos, aumenta la dependencia de la solvencia y disposición a pagar de los deudores. Mientras mayor sea la rotación de Deudores, menor será el tiempo requerido para que a la empresa en cuestión le sean pagadas las deudas. Una rotación de Deudores excesivamente baja puede normalmente ser optimizada mediante un adecuado management de Deudores. Con ello, este indicador refleja también la aptitud de la empresa para recolectar importes de Deudores. La expresión inversa de Rotación de Deudores corresponde al indicador Plazo de Deudores (ver al respecto pág. 133).

Ventajas	Desventajas
• Información sobre grado de liquidez	• Posible distorsión debido a pocos Deudores muy antiguos
• Información sobre solvencia de Deudores	• No informa sobre cantidad de clientes (distribución del riesgo)
• Información sobre necesidad de financiación	• No informa sobre tamaño promedio de Clientes
• Información sobre management de Deudores de la empresa	• Difícil comparación si se rebasa sector industrial específico

5.20 Days sales outstanding (DSO)

Formula

$$\frac{\text{Average trade receivables}}{\text{Sales}} \times 365$$

Sample calculation

$$\frac{\dfrac{(2,064 + 2,025)}{2}}{14,019} \times 365 = \mathbf{53.23}$$

Explanation

DSO shows the average number of days it takes for a receivable to be paid (customer target). The ratio is also known as average collection period. The longer this period, the worse for a company, as the debtor is granted a (generally) interest-free loan for this period. The shorter this period, the lower the interest to be borne by the creditor and the smaller the risk of default. Measures to decrease the days sales outstanding include, for example, increasing or granting discounts, improved credit control, converting to direct debits or factoring. An increase in DSO can also be due to large sales being booked just before the end of the year that are only due in the following fiscal year, or customers delaying payment to the upcoming fiscal year.

Advantages	Disadvantages
• Meaningful element when estimating future net current assets	• Highly dependent on customer groups (wholesale – retail)
• Information on capital lock-up/financing intensity	• No information on number of customers (risk distribution)
• Recognition on risk of receivable default	• Difficult to compare across industries
• Over time can be used as an indicator for credit control	

5.20   Plazo de Deudores

Fórmula

$$\frac{\text{Nivel promedio de Deudores}}{\text{ingresos por ventas y prestaciones de servicio}} \times 365$$

Ejemplo de cálculo

$$\frac{\dfrac{(2.064 + 2.025)}{2}}{14.019} \times 365 = \mathbf{53{,}23}$$

Comentario

Este indicador (denominado también Plazo Deudores u Objetivo Deudores) indica el número de días que transcurren en promedio, hasta que una deuda ha sido cancelada (objetivo cliente). Mientras mayor sea este tiempo, mayor será el perjuicio para la empresa, ya que al deudor se le otorga (normalmente) durante este tiempo un crédito no afecto a intereses. Mientras menor sea el plazo de Deudores, menor será la carga por intereses del Acreedor y menor será también el riesgo de un fallo del deudor. Medidas destinadas a disminuir el plazo de Deudores pueden p. ej. ser un aumento o concesión del descuento según fecha de pago, un mejoramiento del sistema de admonición / management de Deudores, la adopción de sistemas de cobros por domiciliación bancaria o Factoring. La causa de un aumento del plazo de Deudores puede también ser, que poco antes del final del año se anoten grandes volúmenes de ventas y prestaciones de servicio pagaderos en el año siguiente o bien que hayan clientes que pospongan el pago al siguiente período.

Ventajas	Desventajas
• Elemento adecuado para la estimación del futuro activo circulante neto	• Alta dependencia de grupos de clientes (comercio mayorista - minorista)
• Información sobre vinculación del capital / intensidad de financiación	• No informa sobre cantidad de clientes (distribución del riesgo)
• Detección de riesgos de fallos de Deudores	• Difícil comparación si se rebasa sector industrial específico
• Sirve en el curso del tiempo como indicador para valoración del management de Deudores	

5.21 Days payables outstanding

Formula

$$\frac{\text{Average trade liabilities}}{\text{Cost of sales}} \times 365$$

Sample calculation

$$\frac{\dfrac{(909 + 879)}{2}}{5,004} \times 365 = \mathbf{65.21}$$

Explanation

The ratio days payables outstanding shows the average number of days needed for trade liabilities to be paid by the company (here approx. two months). Alternatively sales are used instead of cost of sales for calculating this ratio. A long turnover period at first improves the company's liquidity. Basically trade liabilities are a non-interest bearing credit by the supplier, which helps to finance the operating business. On the other hand, if a company does not have professional cash management, financing by means of trade payables can become very expensive when the company does not take advantage of discounts. For this reason, a long turnover period may also be an indicator for liquidity problems.

Advantages	Disadvantages
• Indicator for payment targets	• No information on maturities or payment morality
• Indicator of a company's credit worthiness	• Age structure of liabilities is not illustrated
• Information on a company's solvency and paying habits	• Receivables are not considered

5.21   Plazo de acreedores

Fórmula

$$\frac{\text{Nivel promedio de obligaciones por suminist. y prest.}}{\text{costes de ventas y prestaciones de servicio}} \times 365$$

Ejemplo de cálculo

$$\frac{\dfrac{(909 + 879)}{2}}{5.004} \times 365 = \mathbf{65,21}$$

Comentario

El plazo de acreedores calcula en días el tiempo promedio durante el cual se hace uso de un crédito de un proveedor (en este caso aprox. 2 meses). En los países anglosajones se emplean para el cálculo del indicador, en lugar de las ventas y prestaciones de servicio, los costes de las ventas y prestaciones de servicio. Un período de rotación largo, mejora inicialmente la situación de liquidez de la empresa. El crédito de proveedores es básicamente un préstamo no afecto a intereses que financia la actividad operativa. En la medida en que no se disponga de un management de pagos profesional, la financiación por medio de créditos de proveedores puede sin embargo ser cara, debido a la posible pérdida de un descuento según fecha de pago. Por este motivo, un período de rotación largo puede ser también un indicio de problemas de liquidez.

Ventajas	Desventajas
• Muestra la parte de las ventas y prestaciones de servicio que es financiada por los proveedores	• No informa sobre vencimientos y moral de pago de la empresa
• Informa sobre crédito de la empresa	• No figura estructura de antigüedad de las obligaciones
• Informa sobre solvencia y costumbres de pago de la empresa	• Deudores quedan fuera de consideración

5.22 Inventory turnover

Formula

$$\frac{\text{Cost of sales}}{\text{Average total inventories}}$$

Sample calculation

$$\frac{5,004}{\dfrac{(2,016 + 2,031)}{2}} = \mathbf{2.47}$$

Explanation

Inventory turnover provides information on the speed at which inventories are sold and provides observers with an indicator which can be used to calculate the company's performance. Taken over time this indicator offers information on the management's efforts and success in increasing inventory turnover. Expressed in days, $365/2.47 = 147.8$ days, it means that the company needs approx. five months to sell the inventories it has bought in.

In order to express the complete operating process in days, i.e., the number of days needed between buying in the inventories until the date on which the receivables are collected, we need the following information: Inventory turnover in days + days sales outstanding (DSO) = $147.8 + 53.2 = 201$ days. This means that the company needs more than half a year for its operating cycle.

Advantages	Disadvantages
• Helpful for analyzing the company's operating activities	• Individual product groups must be observed for diversified companies
• Assessment of the sales process and the warehousing process	• Highly industry-dependent
• Warehousing performance provides information on capital lock-up and costs of capital	

5.22 Razón de costes de ventas y prestaciones de servicio a existencias

Fórmula

$$\frac{\text{Costes de ventas y prestaciones de servicio}}{\text{stock promedio de existencias}}$$

Ejemplo de cálculo

$$\frac{5.004}{\frac{(2.016 + 2.031)}{2}} = \mathbf{2,47}$$

Comentario

Este indicador proporciona información sobre la rapidez con que se venden las existencias y sirve al observador para determinar el rendimiento de la empresa. Considerado en el curso del tiempo, este indicador suministra información sobre las ambiciones y éxitos de la dirección de la empresa en el aumento de la frecuencia de rotación. Expresado en días: 365 / 2,47 = 147,8 días. Ello significa que la empresa necesita alrededor de cinco meses para vender las existencias adquiridas. El indicador tiene semejanza con la frecuencia de rotación de las existencias, diferenciándose eso si en que en el numerador no aparecen las ventas y prestaciones de servicio, sino los costes de las ventas y prestaciones de servicio. Para representar todo el proceso operativo en días, es decir, la cantidad de días necesarios desde la adquisición de las existencias hasta el día en que se recolectan los cobros de Deudores, se requieren las siguientes informaciones: frecuencia de rotación de las existencias en días + frecuencia de rotación de Deudores en días (plazo de Deudores) = 147,8 + 53,2 = 201 días. Esto significa que para su ciclo operativo la empresa requiere algo más que medio año.

Ventajas	Desventajas
• Útil para el análisis de la actividad operativa de la empresa	• En el caso de empresas diversificadas se requiere consideración de los distintos grupos de productos
• Permite valoración de los procesos de mantenimiento de almacenes y de ventas y prestaciones de servicios	• Alta dependencia del ramo
• Performance de mantenimiento de existencias proporciona información sobre vinculación y costes de capital	

5.23 Payables turnover

Formula

$$\frac{\text{Cost of sales} \times (1 + \text{VAT})}{\text{Average trade liabilities}}$$

Sample calculation

$$\frac{5{,}004 \times 1.16}{\dfrac{(909 + 879)}{2}} = \mathbf{6.49}$$

Explanation

The ratio payables turnover shows the company's payment practices in the period under review. From an investor's perspective, a reduction in this indicator over a specific period can mean that the company's ability to make payment is deteriorating and that it is tending to pay liabilities at an increasingly later date. However, a reduction can also represent a positive development if the company is making increasing use of payment targets and thus making more profitable use of its own liquidity.

Advantages	Disadvantages
• Information on liquidity situation	• Late customer target can either point towards market strength or creditworthiness problems
• Information on creditworthiness	
• Information on the company's payment ability or payment practices	• Highly industry-dependent
	• Late payment target can lead to expensive financing (loss of discounts)

5.23   Frecuencia de rotación de acreedores

Fórmula

$$\frac{\text{Costes de ventas y prestaciones de servicio x (1 + IVA)}}{\text{obligaciones por suministros y prestaciones}}$$

Ejemplo de cálculo

$$\frac{5.004 \times 1,16}{\dfrac{(909 + 879)}{2}} = \mathbf{6,49}$$

Comentario

La frecuencia de rotación de acreedores suministra información sobre las costumbres de pago de la empresa en el período considerado. Desde el punto de vista de los inversores, una disminución de este indicador en el curso del tiempo puede significar que la solvencia de la empresa ha declinado y que como consecuencia de ello, tendencialmente el pago de las obligaciones tiene lugar cada vez más tardíamente. Sin embargo, una reducción puede también reflejar un desarrollo positivo, en la medida en que la empresa esté aprovechando con mayor intensidad los objetivos de pago, utilizando así la propia liquidez en forma más rentable

Ventajas	Desventajas
• Informa sobre situación de liquidez	• Objetivo tardío de cliente puede ser indicio de poder de mercado o problemas de solvencia
• Informa sobre crédito de la empresa	• Alta dependencia del ramo
• Informa sobre solvencia y costumbres de pago de la empresa	• Objetivo de pago tardío puede significar una cara financiación (pérdida de descuento según fecha de pago)

5.24 Capital turnover

Formula

$$\frac{\text{Sales}}{\text{Total equity + Total liabilities}}$$

Sample calculation

$$\frac{14,019}{5,493 + 2,577 + 1,665} = \textbf{1.44}$$

Explanation

The capital turnover shows total revenue compared to total liabilities and shareholders' equity. The fact that a company turns over its assets quickly generates margins. A company with an equal return on revenues but a lower ratio of sales to total liabilities and shareholders' equity would generate lower profits due to the higher fixed costs and capital lock-up costs. It is also true that the higher this ratio, the lower the amount of capital required (due to the shorter pre-financing period).

Advantages	Disadvantages
• May be used to expand the traditional Du Pont formula (indicator tree to calculate ROI) • Indicates the effectiveness of capital use	• Total capital is not a sufficient indicator to calculate the actual capital employed which serves to generate sales, as, for example, leasing expenses are not taken into account

5.24   Rotación del capital total

Fórmula

$$\frac{\text{Ventas y prestaciones de servicio}}{\text{capital propio} + \text{capital ajeno}}$$

Ejemplo de cálculo

$$\frac{14.019}{5.493 + 2.577 + 1.665} = \mathbf{1,44}$$

Comentario

La rotación del capital total se calcula mediante la razón de ventas y prestaciones de servicio a capital propio más capital ajeno según balance. Mientras mayor sea la rotación del capital, menor puede ser el rendimiento de ventas y prestaciones de servicio anteriormente descrito. Si en una empresa la rotación de los elementos del patrimonio activo es rápida, significa que se obtienen márgenes. Una empresa de igual rendimiento de ventas y prestaciones de servicio pero de rotación de capital más baja presentaría, como consecuencia de los mayores costes fijos y de vinculación de capital, un beneficio menor.
También en este caso tiene validez el hecho de que mientras mayor sea la velocidad de rotación del capital, menor será el volumen requerido de capital empleado (debido al menor tiempo de prefinanciamiento).

Ventajas	Desventajas
• Puede ser empleado para ampliar la tradicional fórmula de Du Pont (árbol de indicadores para el cálculo de ROI)	• El total del balance es un indicador insuficiente para la determinación del capital realmente empleado para la generación de ventas y prestaciones de servicio, dado que no considera p. ej. gastos de Leasing
• Indicador de la efectividad del empleo de capital	

Chapter / Capítulo 6

Liquidity ratios /
Indicadores de liquidez

6.1 Equity ratio

Formula

$$\frac{\text{Total equity}}{\text{Total capital}} \times 100\,\%$$

Sample calculation

$$\frac{5,493}{10,134} \times 100\,\% = \mathbf{54.20\,\%}$$

Explanation

The equity ratio describes the relationship between equity and total capital or total shareholders' equity and liabilities. As a rule, the more equity a company has available the better its credit-worthiness, the higher its financial stability and the more independent the company is from lenders. However, as equity is more expensive than debt (see also WACC, page 228), a high equity ratio depresses the return on capital employed. When calculating the equity ratio, we can either use total capital or, as generally practiced by financial analysts in particular when calculating the costs of capital, only use the sum of total equity and interest-bearing debt.

Advantages	Disadvantages
• Shows the type and composition of capital	• Depends heavily on industry and valuations
• Easy to calculate	• Hidden assets reduce the actual value of equity
• Serves to calculate the debt level (leverage) and allows assumptions to be made about a company's stability	• Balance sheet figures are now often being replaced by frequently used market values (e.g., use of market capitalization instead of balance sheet equity to calculate costs of capital)
• Helpful in same-industry comparisons as an indicator for a company's relative financial strength	

6.1   Cuota de capital propio

Fórmula

$$\frac{\text{Capital propio}}{\text{capital total}} \times 100\ \%$$

Ejemplo de cálculo

$$\frac{5.493}{10.134} \times 100\ \% = \textbf{54,20 \%}$$

Comentario

La cuota de capital propio establece una relación entre capital propio y capital total. Mientras más capital propio tenga una empresa a su disposición, mayor será normalmente su crédito, su estabilidad financiera y su independencia respecto de aportadores de capital ajeno. Sin embargo, como el capital propio es más caro que el ajeno (ver WACC, pág. 229), significa que una alta cuota de capital propio es una carga para el rendimiento del capital empleado. Para el cálculo del capital total se puede recurrir al total del balance o bien considerar solamente la suma de capital propio y capital ajeno sujeto a interés, procedimiento este último usualmente aplicado por los analistas financieros especialmente para el cálculo de los costes de capital.

Ventajas	Desventajas
• Presenta el tipo y la composición del capital	• Alta dependencia del ramo y de forma de evaluación
• Es fácil de determinar	• Las reservas ocultas aminoran el valor real del capital propio
• Sirve para determinar el endeudamiento (cuota de capital ajeno) y permite obtener conclusiones sobre la estabilidad de una empresa	• Los valores según balance se enfrentan hoy en día cada vez más a los valores de mercado frecuentemente usados (p. ej. empleo de la capitalización bursátil en lugar del capital propio según balance para el cálculo de los costes de capital)
• Al comparar industrias es útil como indicador de la potencia financiera relativa de una empresa	

6.2　Total liabilities to total capital (leverage)

Formula

$$\frac{\text{Total liabilities}}{\text{Total capital}} \times 100\%$$

Sample calculation

$$\frac{2{,}577 + 1{,}655}{10{,}134} \times 100\% = \mathbf{41.86\%}$$

Explanation

The leverage describes the ratio of total liabilities to total capital. In the course of company valuations, financial analysts often only use total liabilities as the sum of interest-bearing liabilities plus the capitalized value of future leasing commitments, as these are also interest-bearing.

The ratio of liabilities to total capital allows assumptions to be made about a company's financial stability. The growth of this indicator should always be considered together with the company's assets. If these include hidden liabilities as a result of lower market values, this has a negative impact on the leverage ratio. Over the past few years, this has contributed, for example, to balance sheet recession.

Advantages	Disadvantages
• The amount of the ratio of liabilities to total capital can be viewed as a factor dependent on the company or product life-cycle (as a rule, the older a company, the higher the possible leverage due to increasing creditworthiness) • The quality of the assets can be compared to the leverage (e.g., risk if goodwill is mostly covered by liabilities)	• Depends heavily on industry and valuations • Earlier adjustments (e.g., impairment of goodwill that reduces equity) could lead to distortions • Forms of off-balance sheet financing (e.g., leasing) are generally not taken into account

6.2   Cuota de capital ajeno

Fórmula

$$\frac{\text{Capital ajeno}}{\text{capital total}} \times 100\ \%$$

Ejemplo de cálculo

$$\frac{2.577 + 1.655}{10.134} \times 100\ \% = \textbf{41,86 \%}$$

Comentario

La cuota de capital ajeno establece la proporción de éste respecto del capital total. Dentro del marco de una evaluación empresarial, los analistas financieros incluyen frecuentemente en el capital ajeno, sólo las obligaciones sujetas a interés así como el valor presente de futuros gastos por concepto de Leasing, dado que éstos también tienen carácter de importes sujetos a interés.

La cuota de capital ajeno permite obtener conclusiones respecto de la estabilidad financiera de una empresa. La evolución de este indicador debería siempre ser considerada en vinculación con el valor del patrimonio activo. En la medida en que en éste hayan cargas ocultas como consecuencia de bajas en los valores de mercado, ello tendrá un efecto negativo sobre la cuota de capital ajeno. Esto es lo que p. ej. en los últimos años condujo a la llamada recesión de balances.

Ventajas	Desventajas
• La magnitud de la cuota de capital ajeno puede ser vista en dependencia del ciclo de vida de la empresa o del producto (mientras más antigua sea una empresa, mayor será normalmente la cuota de capital ajeno, como consecuencia de un crédito creciente)	• Alta dependencia del ramo y de forma de evaluación
	• Ajustes realizados en el pasado (p. ej. depreciaciones del Goodwill que aminoran el capital propio) pueden conducir a distorsiones
• El valor efectivo de los elementos del activo puede ser cotejado con la cuota de capital ajeno (p. ej., riesgo si Goodwill está en gran parte cubierto por capital ajeno)	• Formas de financiación externas al balance (p. ej. Leasing) quedan normalmente fuera de consideración

6.3   Total liabilities to total equity (gearing)

Formula

$$\frac{\text{Total liabilities}}{\text{Total equity}} \times 100\%$$

Sample calculation

$$\frac{2,577 + 1,665}{5,493} \times 100\% = \mathbf{77.23\%}$$

Explanation

This ratio shows the relationship between the company's liabilities and equity financing. Some analysts also call it gearing ratio. As a general rule, the higher the gearing ratio, the more dependent a company is on external creditors. If the leverage effect is considered when assessing a company's gearing ratio, we can see that for profitability reasons a higher gearing ratio can be regarded as being positive under certain conditions as well as. As a result, the gearing ratio should never be considered alone, but always in connection with the company's earnings position.

Advantages	Disadvantages
• A connection between the gearing ratio and the return on equity can be shown in formal terms (the lower the gearing ratio, the more likely it is to be able to take up additional debt to utilize the leverage effect) • A risk profile can be calculated in connection with the maturities of various asset components	• Cross-industry comparisons are difficult to portray • Adjustments to equity resulting from accounting policy can lead to distortions • Forms of off-balance sheet activities (e.g., leasing) are generally not taken into account

6.3   Coeficiente de endeudamiento

Fórmula

$$\frac{\text{Capital ajeno}}{\text{capital propio}} \times 100 \ \%$$

Ejemplo de cálculo

$$\frac{2.577 + 1.665}{5.493} \times 100 \ \% = \mathbf{77{,}23 \ \%}$$

Comentario

Este indicador, conocido en inglés como "Gearing Ratio" indica el porcentaje, referido al capital propio, en que la empresa es financiada por terceros externos. Básicamente se cumple que, mientras más alto sea el coeficiente de endeudamiento, mayor será la dependencia de la empresa de acreedores externos. Si en la valoración del coeficiente de endeudamiento se considera el efecto Leverage, se constatará que bajo determinadas condiciones, por razones de rentabilidad, un coeficiente de endeudamiento relativamente alto podría ser calificado como positivo. Por consiguiente, el indicador "coeficiente de endeudamiento" no debería nunca ser juzgado aisladamente, sino siempre en conjunción con la situación de los ingresos de la empresa.

Ventajas	Desventajas
• Una relación entre grado de endeudamiento y rentabilidad del capital propio puede establecerse formalmente (mientras menor sea el coeficiente de endeudamiento, más conveniente será asumir capital ajeno adicional a objeto de aprovechar el efecto Leverage)	• Comparaciones que rebasen el ámbito industrial son difíciles de presentar
	• Ajustes del capital propio por política de balance pueden producir distorsiones
• En relación con plazos de elementos patrimoniales del activo se puede determinar un perfil de riesgo	• Formas de financiación externas al balance (p. ej. Leasing) quedan normalmente fuera de consideración

6.4　Leverage structure

Formula

$$\frac{\text{Trade liabilities + Short-term liabilities}}{\text{Total liabilities}} \times 100\%$$

Sample calculation

$$\frac{909 + 468}{2,577 + 1,665} \times 100\% = \textbf{32.46\%}$$

Explanation

The leverage structure compares short-term liabilities to total liabilities. This ratio therefore expresses what percentage of total liabilities will actually lead to a cash outflow to external creditors on a short-term basis. In general, companies in danger of insolvency show an increased percentage of leverage structure than solvent companies. For an ongoing analysis the maturity and conditions of all liability components should be taken into account. Although trade liabilities are usually non-interest bearing and thus initially positive for a company's financing, they can become the most expensive form of financing when a company does not take advantage of discounts.

Advantages	Disadvantages
• Indicator for possible financial difficulties when the percentage of short-term liabilities is very high	• Disregards costs of asset components
• Indicator for maturities	• Does not consider maturities of financed assets (also see »golden financing rule«)
• Indicator for the necessity of liquid funds	• Is not meaningful without considering liquidity ratios

6.4   Estructura del capital ajeno

Fórmula

$$\frac{\text{Obligaciones por suminist. y prest. + obligaciones a corto plazo}}{\text{capital ajeno}} \times 100 \ \%$$

Ejemplo de cálculo

$$\frac{909 + 468}{2.577 + 1.665} \times 100 \ \% = \textbf{32,46 \%}$$

Comentario

La estructura del capital ajeno establece una relación entre las obligaciones a corto plazo y el capital ajeno total. De esta forma, este indicador indica la proporción del capital ajeno que efectivamente va a fluir a corto plazo, en medios líquidos, a acreedores externos. En relación con este indicador se cumple que las empresas amenazadas de insolvencia poseen en promedio un porcentaje de estructura de capital ajeno más alto que las empresas solventes. Para un análisis de mayor alcance deberían siempre considerarse además los plazos y las condiciones de las componentes del capital ajeno. Si bien las obligaciones por suministros y prestaciones no están afectas a intereses y por consiguiente normalmente a primera vista son positivas para la financiación de la empresa, no debería dejar de considerarse que a su vez constituyen la forma más cara de financiación, en la medida en que los descuentos según fecha de pago no sean debidamente aprovechados.

Ventajas	Desventajas
• Revela posibles dificultades de pago, si el porcentaje de obligaciones a corto plazo es muy alto	• No considera costes de las distintas componentes del capital
• Proporciona información sobre plazos	• No considera plazos de los elementos del patrimonio activo financiados (ver regla de oro de financiación)
• Proporciona información sobre las necesidades de medios líquidos	• Carece de significación informativa si no se consideran los indicadores de liquidez

6.5   Dynamic gearing

Formula

$$\frac{\text{Net debt}}{\text{Free cash flow}}$$

Sample calculation

$$\frac{(1,770)}{774} = (2.29)$$

Explanation

This ratio shows how many years a company would need to be able to repay its (net) liabilities from its free cash flow. The ratio is also known as net debt service or duration of debt redemption.

In the manufacturing industry, a factor of up to four is regarded as being excellent – a factor of greater than ten or even a negative cash flow over several periods may lead to the danger of insolvency. In the above example, net debt is negative, as the company is in fact free of debt. Nevertheless one time effects should be analyzed before evaluating this ratio. Moreover, off-balance sheet liabilities, such as leasing expenses, must be considered when calculating the dynamic gearing, as these also impact the ratio.

Advantages	Disadvantages
• Considering the off-balance sheet liabilities and the cash flow from operations gives a significantly improved indicator	• No information on matching periods for financing
• Significantly improves comparison of companies	• Actual borrowing costs are not considered
• Is often used as key indicator in corporate management	• May fluctuate heavily over time

6.5   Grado de endeudamiento dinámico

Fórmula

Endeudamiento neto
Free Cash Flow

Ejemplo de cálculo

$$\frac{-1.770}{774} = -2,29$$

Comentario

El grado de endeudamiento dinámico indica el número de años que una empresa requeriría para poder reembolsar sus obligaciones (netas) por medio del Cash Flow libre. Es por ello que este indicador recibe también el nombre de "tiempo de reembolso de deudas" o "capacidad de servicio de capital".
En el sector de las industrias productoras, un factor de hasta cuatro se considera muy bueno; a partir de factores superiores a diez o incluso para Cash Flow negativo a lo largo de varios períodos, puede haber peligro de insolvencia. En el ejemplo de arriba, el grado de endeudamiento es negativo, ya que de facto la empresa no tiene deudas. Al efectuar el cálculo del grado de endeudamiento dinámico deberán tenerse presentes posibles efectos únicos así como también posibles obligaciones no contabilizadas, como p. ej. gastos por Leasing, ya que estos también influyen sobre el grado de endeudamiento dinámico.

Ventajas	Desventajas
• Indicador de riesgo claramente mejorado, gracias a la consideración de las obligaciones que no figuran en el balance y del Cash Flow operativo	• No informa sobre financiación de plazos congruentes
• Permite una comparación de empresas claramente perfeccionada	• Los costes efectivos de capital ajeno no son considerados
• Frecuentemente empleado en la práctica del control empresarial	• Puede variar fuertemente en el curso del tiempo

6.6 Working capital

Formula	Sample calculation
Current assets	6,888
– Cash and cash equivalents	(2,526)
– Current, non-interest bearing liablilities	(909)
= Working capital	**= 3,453**

Explanation

Working capital is defined as current assets less cash and cash equivalents and less short-term, non-interest bearing liabilities (primarily trade payables). It expresses the proportion of current assets working for a company (i.e., that is generating sales), without generating capital costs in the closer sense of the word. It is thus the portion of current assets with long-term financing. The higher the working capital, the more secure the liquidity position. From an analysts' perspective, negative working capital may be viewed positively, as suppliers pre-finance the company's sales (especially retailers).

Advantages	Disadvantages
• Provides information on investment requirements when expanding capacity	• Non-optimum liquidity can lead to distortions
• Shows how strong the company's opportunities are to pass on costs to producers and suppliers	• The level of current assets disclosed can vary according to the use of various accounting options

6.6   Working Capital

Fórmula	Ejemplo de cálculo
Activo circulante	6.888
− medios líquidos	− 2.526
− capital ajeno a corto plazo exento de interés	− 909
= Working Capital	**= 3.453**

Comentario

El Working Capital se calcula descontando del activo circulante según balance los medios líquidos y las obligaciones no sujetas al pago de intereses (fundamentalmente obligaciones por suministros y prestaciones). El indicador describe la parte del activo circulante que trabaja para la empresa (es decir que genera ventas y prestaciones de servicio), sin generar, en sentido estricto, costes de capital. A su vez, el Working Capital representa la parte del activo circulante financiada a largo plazo. Mientras más alto sea el Working Capital, mejor será la situación de liquidez de una empresa. Desde el punto de vista de un analista, también un Working Capital negativo puede, según cuál sea el ramo, ser interpretado positivamente, dado que, eventualmente, los proveedores prefinancian las ventas y prestaciones de servicio de una empresa.

Ventajas	Desventajas
• Proporciona información sobre los requerimientos de inversión en caso de ampliación de la capacidad • Insinúa cuáles son las posibilidades de la empresa para trasladar costes a productores y proveedores	• Un grado no óptimo de liquidez puede provocar distorsiones • Mediante el aprovechamiento de alternativas de opción de presentación del balance, la magnitud del activo circulante puede tomar valores diferentes

6.7   Quick ratio

Formula

$$\frac{\text{Total current assets} - \text{Total inventory}}{\text{Total current liabilities}} \times 100\%$$

Sample calculation

$$\frac{6,888 - 2,016}{1,437 + 909 + 468} = \mathbf{173.13\%}$$

Explanation

Liquidity indicators such as the quick ratio (also known as acid test) are often used for evaluating a company's creditworthiness. Bankers use this ratio to determine how quickly a company is able to pay off its current liabilities in case assets need to be converted into cash. This ratio differs from the current ratio in that it excludes inventory. The logic behind this is that while inventory may have been paid for and has value, it may not necessarily be converted into cash quickly. As a rule of thumb, the quick ratio should exceed 100%, thus current liabilities are covered by the company's cash position and its total receivables.

Advantages	Disadvantages
• Risk indicator if rule is not heeded	• Time-related, i.e., static figure
• Established in practice	• Too closely linked to balance sheet
• Serves to determine a company's creditworthiness	• Trade-off between liquidity and profitability
	• No consideration if total receivables can actually be collected

6.7   Liquidez de 2.° grado

Fórmula

$$\frac{\text{Activo circulante} - \text{existencias}}{\text{obligaciones a corto plazo}} \times 100\ \%$$

Ejemplo de cálculo

$$\frac{6.888 - 2.016}{1.437 + 909 + 468} = \mathbf{173,13\ \%}$$

Comentario

La liquidez de 2.° grado, llamada en ingles también Acid Test o Quick Ratio se emplea frecuentemente para la determinación de la solvencia crediticia. Sobre esta base pueden p. ej. los bancos detectar la rapidez de reembolso de las obligaciones a corto plazo, supuesto que los elementos patrimoniales del activo sean convertidos en medios líquidos. La liquidez de 2.° grado no considera las existencias de una empresa. Esto deriva de la consideración de que las existencias ya están pagadas y poseen un valor, motivo por el cual no pueden de inmediato ser nuevamente enajenadas. Como regla práctica se considera que la liquidez de 2.° grado supera el 100 %, con lo cual las obligaciones a corto plazo son cubiertas por medios líquidos y Deudores.

Ventajas	Desventajas
• Indicador de riesgo, supuesto que las reglas no sean observadas	• Observación de un momento específico y por consiguiente una magnitud estática
• Arraigado en la práctica	• Muy ligado al balance
• Sirve para determinar la solvencia crediticia	• La liquidez va en desmedro de la rentabilidad y viceversa
	• No considera, si Deudores realmente pueden ser cobrados

6.8   Current ratio

Formula

$$\frac{\text{Total current assets}}{\text{Total current liabilities}} \times 100\%$$

Sample calculation

$$\frac{6,888}{1,437 + 909 + 468} = \mathbf{244.78\%}$$

Explanation

Liquidity indicators, such as the current ratio show the relationship between liquid assets to payment commitments. Liquid or current assets include cash and cash equivalents, marketable securities, total receivables and total inventory. The various ratios (also see quick ratio on the previous page) show the extent to which the current liabilities are covered by current assets. As a rule of thumb, the current ratio should total 200%, with a ratio of less than 100% being regarded as threatening the company's existence.

Advantages	Disadvantages
• Risk indicator if rule is not heeded	• Time-related, i.e., static figure
• Established in practice	• Too closely linked to balance sheet
• Rule of thumb for planning warehouses or credit control	• Trade-off between liquidity and profitability

6.8   Liquidez de 3.er grado

Fórmula

$$\frac{\text{Activo circulante}}{\text{obligaciones a corto plazo}} \times 100\,\%$$

Ejemplo de cálculo

$$\frac{6.888}{1.437 + 909 + 468} = \mathbf{244{,}78\,\%}$$

Comentario

Los indicadores de liquidez, como p. ej. la liquidez de 3.er grado, establecen una relación entre patrimonio activo a corto plazo y obligaciones de pago a corto plazo. Entre los elementos patrimoniales activos a corto plazo se encuentran en primer término los medios líquidos y cuasilíquidos, valores del activo circulante, importes de Deudores y existencias. Los distintos indicadores (ver también "Liquidez de 2.° grado") permiten identificar, cuál es la medida en que las obligaciones a corto plazo están cubiertas por medios de plazos congruentes. Como regla práctica se considera que la liquidez de 3.er grado debería ser del 200 %. A su vez, un valor inferior al 100 % se califica como amenazante para la subsistencia de la empresa.

Ventajas	Desventajas
• Indicador de riesgo, supuesto que las reglas no sean observadas	• Observación de un momento específico y por consiguiente una magnitud estática
• Arraigado en la práctica	• Muy ligado al balance
• Fórmula práctica para la planificación de almacenes de mercancías o management de Deudores	• La liquidez va en desmedro de la rentabilidad y viceversa

6.9   Asset structure

Formula

$$\frac{\text{Fixed assets}}{\text{Current assets}} \times 100\%$$

Sample calculation

$$\frac{3,093}{6,888} \times 100\% = \mathbf{44.90\%}$$

Explanation

The asset structure describes the relationship between fixed and current assets. This indicator shows a company's stability or flexibility, however typical asset structures in the respective industry should also be considered when reviewing this ratio.

A low asset structure can mean one of two things:

1. A low level of fixed assets allows a company to react more flexibly to changes on the market and fixed costs are lower due to the shorter capital lock-up period for all assets.

2. A company is working with assets that have already been written off. This allows us to assume that the technology used is out of date.

Advantages	Disadvantages
• Simple to calculate, as figures can be taken from balance sheet	• Inter-company comparisons are not particularly meaningful (in particular comparisons between various industries)
• Allows analysis over time as to whether the company is becoming more flexible	• Off-balance sheet assets (e.g., leasing) are not considered
• Allows assumptions to be made about capacity utilization and thus the earnings position: as a rule companies are more productive the more current assets there are per unit of fixed assets	• Disclosed goodwill can lead to distortions
	• Investment portfolios not used in operations reduce meaningfulness
	• Ratio is based on residual book values

6.9   Estructura del patrimonio activo

Fórmula

$$\frac{\text{Inmovilizado}}{\text{activo circulante}} \times 100 \ \%$$

Ejemplo de cálculo

$$\frac{3.093}{6.888} \times 100 \ \% = \textbf{44,90 \%}$$

Comentario

La estructura del patrimonio activo describe la relación existente entre inmovilizado y activo circulante. Se trata de un indicador de la estabilidad y flexibilidad de una empresa que debería sin embargo siempre ser interpretado considerando debidamente las estructuras del patrimonio activo típicas del ramo.

Un valor bajo de este indicador puede ser indicio de dos situaciones:

1. Con un inmovilizado pequeño, una empresa puede reaccionar con mayor flexibilidad ante cambios del mercado y los costes fijos son menores, como consecuencia del menor tiempo de vinculación de capital del patrimonio activo total.
2. La empresa está produciendo con instalaciones ya depreciadas, lo que permite concluir que dispone de una tecnología anticuada.

Ventajas	Desventajas
• Fácil de calcular, dado que las cantidades se pueden obtener del balance	• Comparaciones entre empresas poseen escasa significación informativa (especialmente la comparación de sectores industriales diferentes)
• Permite analizar en el curso del tiempo, si la empresa aumenta su flexibilidad	• Componentes del patrimonio activo no incluidos en el balance (p. ej. Leasing) quedan fuera de consideración
• Permite obtener conclusiones respecto del aprovechamiento de la capacidad y por tanto sobre la situación de los ingresos de la empresa: mientras mayor sea el activo circulante por unidad de inmovilizado, más productiva será normalmente una empresa.	• El Goodwill de balance puede conducir a distorsiones
	• Carteras de participaciones no utilizadas operativamente reducen la significación informativa
	• El indicador se basa en valores libro residuales

6.10 Asset intensity

Formula

$$\frac{\text{Fixed assets}}{\text{Total assets}} \times 100\,\%$$

Sample calculation

$$\frac{3,093}{10,134} \times 100\,\% = \textbf{30.52}\,\%$$

Explanation

Asset intensity describes the relationship between fixed assets and total assets. The higher the asset intensity, the longer financial funds are locked up and, as a rule, the higher the associated fixed costs. The smaller this indicator, the less capital is tied-up over the long term. The indicator provides information on the company's ability to adapt to changing market conditions. When considering the asset intensity, the company's respective industry must also be considered. Asset intensity tends to be higher in particular in heavy industry (e.g., shipbuilding, engineering, cement, steel) and among utility companies. In these industries, a lower level of asset intensity could indicate out-of-date production methods as a result of assets already written off.

Advantages	Disadvantages
• Gives a rough indication of the flexibility of the company's operations and thus allows assumptions to be made about the financial and earnings stability:	• Impact of accounting policy cannot be avoided
a) Material planning elasticity: the shorter the asset lock-up period, the higher the liquidity potential	• High degree of intangible assets (e.g. goodwill) reduces meaningfulness
b) Success elasticity: the shorter the asset lock-up, the lower the proportion of fixed costs	• Meaningfulness significantly restricted for cross-industry company comparisons
	• Hidden assets lower asset intensity

6.10   Intensidad de inmovilizado

Fórmula

$$\frac{\text{Inmovilizado}}{\text{patrimonio activo total o bien capital total}} \times 100\ \%$$

Ejemplo de cálculo

$$\frac{3.093}{10.134} \times 100\ \% = \textbf{30,52 \%}$$

Comentario

La intensidad de inmovilizado describe la relación existente entre inmovilizado (material) y patrimonio activo total. Mientras mayor sea la intensidad de inmovilizado, mayor será la vinculación temporal de medios financieros y mayores serán normalmente los costes fijos que ello implica. A su vez, mientras menor sea este indicador, menos capital estará ligado a largo plazo. Este indicador suministra información sobre la capacidad de adaptación de la empresa ante condiciones variadas del mercado. Al considerar la intensidad de inmovilizado habrá de tenerse presente el ramo a que pertenece la empresa. Especialmente en la industria pesada (p. ej. construcción de buques, de máquinas, industrias del cemento, acero) y en las industrias del sector energético se aprecia una tendencia a una mayor intensidad de inmovilizado. Una intensidad de inmovilizado baja podría, en el caso de estas empresas, debido a depreciaciones ya realizadas, ser un indicador de procesos de producción anticuados.

Ventajas	Desventajas
• Proporciona una visión gruesa de la flexibilidad empresarial y permite así obtener conclusiones sobre la estabilidad financiera y de los beneficios:	• No es posible evitar las influencias de políticas de balance
a) Elasticidad de disposición: mientras menor sea el tiempo de vinculación del patrimonio activo, mayor será el potencial de liquidez	• Alta proporción de inmovilizado inmaterial (p. ej. Goodwill) reduce capacidad de información
b) Elasticidad de beneficios: mientras menor sea el tiempo de vinculación del patrimonio activo, menor será la proporción de costes fijos	• Significación informativa claramente disminuida en caso de comparaciones de empresas de distintos sectores industriales
	• Reservas ocultas aminoran valor de intensidad de inmovilizado

6.11   Total current assets to total assets

Formula

$$\frac{\text{Total current assets}}{\text{Total assets}} \times 100\,\%$$

Sample calculation

$$\frac{6,888}{10,134} \times 100\,\% = \mathbf{67.97\,\%}$$

Explanation

This indicator shows the ratio of total current assets to total assets. It shows the percentage of total capital which is locked-up in current assets. A high ratio is generally to be viewed positively, as current assets can be liquidated quickly. However, an extremely high ratio can indicate excessive stock levels, which push up warehousing costs. More detailed analysis of the current assets should cover the level of receivables and inventories in greater detail, as changes to the ratio of current to total assets are generally not due to chance.

Advantages	Disadvantages
• Provides information on the intensity of work	• Only the ratio of assets to revenues allows changes in asset structure indicators (e.g., asset intensity or ratio of current to total assets) to be interpreted, as assets alone do not generate any shareholder value
• Allows comparisons to be made between companies of the same size, same industry and same performance	
• Allows conditional assumptions to be made on the performance risk, i.e., how are the assets structured in order to use these to generate revenues	• The reason for changes cannot be seen, individual changes can counteract each other, which means that it is not possible to measure performance

6.11   Intensidad de activo circulante

Fórmula

$$\frac{\text{Activo circulante}}{\text{patrimonio activo total o bien capital total}} \times 100\ \%$$

Ejemplo de cálculo

$$\frac{6.888}{10.134} \times 100\ \% = \mathbf{67{,}97\ \%}$$

Comentario

La intensidad de activo circulante describe la relación existente entre activo circulante y patrimonio activo total, y entrega el porcentaje del capital total ligado a elementos del activo a corto plazo. Normalmente, una alta intensidad de activo circulante habrá de ser valorada positivamente, ya que éste puede ser liquidado en un breve tiempo. Sin embargo, una intensidad de activo circulante extremadamente alta, puede también ser un indicio de niveles de almacenamiento excesivos, con una correspondiente incidencia en los costes de almacenamiento. En el caso de análisis de mayor alcance del activo circulante deberían considerarse detenidamente también los sectores nivel de Deudores y existencias, dado que cambios de la intensidad de activo circulante normalmente no son el resultado de factores circunstanciales.

Ventajas	Desventajas
• Permite obtener información sobre la intensidad de trabajo • Proporciona posibilidades de comparación de empresas de igual tamaño, del mismo ramo así como de igual capacidad de rendimiento • Permite en cierta medida obtener conclusiones sobre el riesgo de la performance económica, es decir, cuál es la composición del patrimonio activo y la forma de generar sobre esa base ventas y prestaciones de servicio	• Sólo a partir de la relación entre componentes del activo y ventas y prestaciones de servicio resulta posible una interpretación del cambio de indicadores de la estructura del activo (p. ej. intensidad de inmovilizado o de activo circulante), ya que sólo por medio del activo no se genera ningún valor para los accionistas • No se aprecia un motivo para un cambio; cambios individuales pueden compensarse mutuamente, por lo cual no es posible una medición de performance de medidas

6.12   Financial strength

Formula

$$\frac{\text{Cash flow from operating activities}}{\text{Payments for non-current assets}} \times 100\%$$

Sample calculation

$$\frac{1,248}{507} \times 100\% = \textbf{246.15\%}$$

Explanation

The financial strength indicator, also known as the self-financing ratio is calculated by contrasting the cash flow from operating activities with the additions to fixed assets, i.e., new, long-term investments. However, the term self-financing ratio is confusing, as, at the end of the day, all financing stems from outside the company (including revenues from operating activities).

The indicator thus shows whether an intended investment could be financed from the company's own financial strength. An indicator in excess of 100% shows that the company can finance the investment from its own cash flow, and can thus take decisions independently of the banks.

Advantages	Disadvantages
• Shows possible additional financing requirements for fixed investments	• May be subject to strong fluctuations over time
• A differentiation can be made between maintenance and expansion investments	• Limited meaningfulness for cross-industry comparisons

6.12   Capacidad financiera

Fórmula

$$\frac{\text{Cash Flow por actividad operativa}}{\text{entradas en el inmovilizado}} \times 100\ \%$$

Ejemplo de cálculo

$$\frac{1.248}{507} \times 100\ \% = \textbf{246,15 \%}$$

Comentario

El indicador llamado capacidad financiera o también cuota de financiación interna se calcula estableciendo la relación entre el Cash Flow por actividad corriente (Cash Flow operativo) y las entradas en el inmovilizado o inversiones nuevas a largo plazo. Sin embargo, el concepto de cuota de financiación es desorientador, ya que en último término toda financiación (también las ventas y prestaciones de servicio de la actividad operativa) proviene del exterior de la empresa. El indicador revela por consiguiente, si una inversión prevista puede o no ser financiada con la propia capacidad financiera de la empresa. Un valor del indicador superior a 100 % indica que la empresa puede financiar la inversión con el Cash Flow por ella misma generado y que por tanto puede decidir independientemente de la opinión de un banco.

Ventajas	Desventajas
• Muestra, en el caso de inversiones en el inmovilizado, posibles requerimientos de financiación adicional	• Puede estar sujeto a fuertes fluctuaciones en el curso del tiempo
• Al respecto se puede diferenciar entre inversiones de conservación e inversiones de ampliación	• Tratándose de comparaciones que rebasan el ámbito de un determinado sector industrial su significación informativa es relativa

6.13   Reinvestment rate (II)

Formula

$$\frac{\text{Depreciation of property, plant, equipment, total}}{\text{Additions to property, plant, equipment, net}} \times 100\%$$

Sample calculation

$$\frac{402}{474} \times 100\% = \textbf{84.81\%}$$

Explanation

The reinvestment rate shows the amount of write-downs that were re-invested. If this figure is greater than 100%, depreciation for tangible assets was not fully reinvested in these assets. A figure of less than 100% shows that the company has invested in expansion. The lower the ratio, the higher the new investments of a company. Nonetheless, the industry and the composition of the tangible assets need to be considered, as both the time of useful life of fixed assets and a possible change in write-down methods (i.e., declining vs. linear) have an influence on the ratio.

Advantages	Disadvantages
• Allows maintenance investments to be analyzed	• Should always be considered in conjunction with any changes in efficiency
• Allows industry comparisons	• Can fluctuate heavily over time due to investment cycles
• As a rule, investments provide information on future profitability	• Inflation must also be considered for analysis over time
	• Increased use of leasing makes analysis more difficult

6.13   Cobertura de inversión

Fórmula

$$\frac{\text{Depreciaciones del inmovilizado material}}{\text{entradas en el inmovilizado material, neto}} \times 100\ \%$$

Ejemplo de cálculo

$$\frac{402}{474} \times 100\ \% = \textbf{84,81 \%}$$

Comentario

La cobertura de inversión (también llamada "Tendencia de inversión") indica la medida en que los valores equivalentes de las depreciaciones han sido reinvertidos. Si su valor es superior a 100 %, significa que las depreciaciones del inmovilizado material realizadas no fueron totalmente reinvertidas en éste. Un valor inferior al 100 % indica que la empresa ha efectuado inversiones de ampliación. Mientras menor sea este valor, mayores serán consecuentemente las nuevas inversiones de la empresa. Sin embargo, a este respecto deberán considerarse siempre el ramo de la empresa y la composición del inmovilizado material, ya que tanto el tiempo de utilización como un cambio del método de depreciación (p. ej. acelerada vs. lineal) influyen sobre la magnitud de las depreciaciones y pueden por consiguiente cambiar la relación.

Ventajas	Desventajas
• Permite análisis de inversiones de conservación	• Debería siempre ser considerada en conjunción con eventuales cambios en la eficiencia
• Posibilita comparación de sectores industriales	• En el curso del tiempo puede sufrir fuertes fluctuaciones como consecuencia de ciclos de inversión
• Las inversiones sirven fundamentalmente de información sobre capacidad futura de obtener beneficios	• Para análisis en el curso del tiempo es necesario considerar la inflación
	• Una recurrencia significativa a Leasing dificulta el análisis

6.14 Depreciation rate

Formula

$$\frac{\text{Depreciation of property, plant and equipment}}{\text{Property, plant and equipment at year end}} \times 100\,\%$$

Sample calculation

$$\frac{402}{2,736} \times 100\,\% = \textbf{14.69}\,\%$$

Explanation

The depreciation rate usually shows the average useful life (in %) of the assets (the reverse figure shows the ratio in years). During comparison with other companies, the depreciation rate shows if a company's write-downs are in line with industry standards, or if it is aiming to disclose higher or lower profits. At the same time, a depreciation rate which increases over time shows that a company has had to make short-term replacement investments. In general, a high depreciation rate leads to lower useful lives for fixed assets, and thus to greater investments in subsequent years. This may be positive, as the company renews its fixed assets more quickly, and is thus more modern and competitive.

Advantages	Disadvantages
• Helpful in ascertaining a company's write-down policy	• Asset structure can be influenced (buy or lease)
• Allows comparison with competitors	• Distortions from assets written off in full respectively ascriptions
• Allows assumptions to be made on necessity of investments	• During high growth periods indicators may differ significantly
	• Change in composition of fixed assets can lead to distortions

6.14 Cuota de depreciación (II)

Fórmula

$$\frac{\text{Depreciaciones del inmovilizado material}}{\text{valor libro del inmovilizado material al final del año}} \times 100\ \%$$

Ejemplo de cálculo

$$\frac{402}{2.736} \times 100\ \% = \mathbf{14{,}69\ \%}$$

Comentario

La cuota de depreciación entrega el valor promedio del tiempo de empleo (en %) de los elementos patrimoniales del activo (el valor inverso representa la relación en años). Al efectuar comparaciones con otras empresas, la cuota de depreciación permite detectar si una empresa efectúa las depreciaciones usuales del ramo o si, dado el caso, aspira a una ganancia contable mayor o menor. A su vez, un valor creciente de la cuota de depreciación en el curso del tiempo indica que una empresa tiene que realizar en el corto plazo inversiones de reemplazo. En general, una cuota de depreciación elevada conduce a un menor tiempo de utilización del inmovilizado y por tanto a mayores inversiones en los años siguientes. Esto puede ser positivo, ya que la empresa renueva más rápidamente el inmovilizado, como resultado de lo cual puede eventualmente ser más moderna y aumentar su competitividad.

Ventajas	Desventajas
• Útil para la determinación de la política de depreciación de una empresa	• Estructura del patrimonio activo es influenciable (compras o Leasing)
• Sirve para comparaciones con competidores	• Distorsiones producto de activos totalmente depreciados
• Permite obtener conclusiones sobre la necesidad de realizar inversiones	• En tiempos de fuerte crecimiento, los valores de los indicadores pueden variar claramente
	• Un cambio de la composición del inmovilizado material puede provocar distorsiones

6.15 Fixed assets to total equity

Formula

in the closer sense: $\dfrac{\text{Fixed assets}}{\text{Total equity}} \leq 1$

in the broader sense: $\dfrac{\text{Fixed assets}}{\text{Total equity} + \text{Long term debt and liabilities}} \leq 1$

Sample calculation

in the closer sense: $\dfrac{3,093}{5,493} = \mathbf{0.56}$

in the broader sense: $\dfrac{3,093}{5,493 + 288 + 1,140} = \mathbf{0.45}$

Explanation

This ratio demands that the capital lock-up period does not exceed the period for which the capital has been made available, i.e., that the assets tied into the company for the long-term are covered by long-term capital (in the closer sense exclusively by equity). If a company does not uphold this rule, the company may become forced to sell assets in order to service current liabilities.

Advantages	Disadvantages
• Shows the relationship between investment and financing	• Fixed assets do not necessarily require a long period to become liquid
• Solid, conservative indicator that is generally known and used	• Is rather an indicator for creditor protection
• Shows rule of matching periods	
• Risk indicator	

6.15   Regla de oro del balance

Fórmula

En sentido estricto: $\dfrac{\text{inmovilizado}}{\text{capital propio}} \leq 1$

En sentido amplio: $\dfrac{\text{inmovilizado}}{\text{capital propio + capital ajeno a largo plazo}} \leq 1$

Ejemplo de cálculo

En sentido estricto: $\dfrac{3.093}{5.493} = \mathbf{0,56}$

En sentido amplio: $\dfrac{3.093}{5.493 + 288 + 1.140} = \mathbf{0,45}$

Comentario

La regla de oro del balance exige que el tiempo de vinculación del capital no supere al de cesión del capital, es decir, los bienes del inmovilizado vinculados a largo plazo a la empresa deberían estar cubiertos por capital de largo plazo (estrictamente sólo por capital propio). Si una empresa no cumple esta regla, puede verse forzada a enajenar inmovilizado para el servicio de obligaciones a corto plazo.

Ventajas	Desventajas
• Permite presentar la relación existente entre inversión y financiación	• Tiempo de liquidación del inmovilizado no es necesariamente largo
• Indicador sólido y conservador, muy conocido y utilizado	• Sirve más bien como indicador para la protección de acreedores
• Presenta regla de congruencia de plazos	
• Es un indicador de riesgo	

6.16 Golden financing rule

Formula

$$\frac{\text{Total current liabilities}}{\text{Total current assets}} \leq 1$$

$$\frac{\text{Total equity + Long-term liabilities}}{\text{Fixed assets}} \geq 1$$

Sample calculation

$$\frac{1{,}437 + 909 + 468}{6{,}888} = \textbf{0.41}$$

$$\frac{5{,}439 + 1{,}140 + 288}{3{,}093} = \textbf{2.24}$$

Explanation

These ratios state that the terms between obtaining and repaying capital on the one hand and the use of capital on the other should be in line with each other. According to this rule, capital may not be tied up in assets for a longer period than the capital is available to the company. If a company finances a long-term investment (e.g., a machine) with short-term financing, the loan may become due before the income required to repay the loan has been generated. This rule should be heeded in particular by young companies that depend on income from fewer products.

Advantages	Disadvantages
• Indicator helps to ensure that terms of assets and financing are in line	• Hidden assets are not taken into account
• Risk indicator for ability to fulfill payment commitments regarding time and value	• Not all current payment commitments are included on the balance sheet (wages and salaries)
• Indicator for company's future investment and financing policy	• Exact terms and the exact amount of income can thus not be seen on the balance sheet

6.16   Regla de oro de la financiación

Fórmula

$$\frac{\text{Capital a corto plazo}}{\text{patrimonio activo a corto plazo}} \leq 1$$

$$\frac{\text{Capital a largo plazo}}{\text{patrimonio activo a largo plazo}} \geq 1$$

Ejemplo de cálculo

$$\frac{1.437 + 909 + 468}{6.888} = \textbf{0,41}$$

$$\frac{5.439 + 1.140 + 288}{3.093} = \textbf{2,24}$$

Comentario

La regla de oro de financiación indica que los tiempos existentes entre obtención del capital y reembolso del capital por un lado y utilización del capital por otro lado se deberían corresponder. De acuerdo con ello, el capital no debe permanecer vinculado en partes del patrimonio activo durante un tiempo superior a la respectiva duración de la cesión de capital. Si una empresa financia una inversión a largo plazo (p. ej. una máquina) con un crédito a corto plazo, podría suceder que el crédito sea vencedero antes de que los ingresos requeridos sean suficientes para su reembolso. Esta regla debería encontrar aplicación especialmente en el caso de empresas jóvenes que dependen de los ingresos de pocos productos.

Ventajas	Desventajas
• Exige el cumplimiento de la congruencia de plazos	• Reservas ocultas quedan fuera de consideración
• Indicador de riesgo en el sentido de la capacidad de cumplimentación de obligaciones de pago tanto en lo temporal como respecto al valor	• No todas las obligaciones de pago a corto plazo (sueldos y salarios) son consideradas en el balance
• Indicador de la futura política de financiación e inversión de la empresa	• Exactitud en los plazos y magnitud exacta de los ingresos no pueden consecuentemente obtenerse del balance

6.17   Equity to assets ratio

Formula

coverage I: $\dfrac{\text{Total equity}}{\text{Fixed assets}} \times 100\%$

coverage II: $\dfrac{\text{Total equity + Long-term liabilities}}{\text{Fixed assets}} \times 100\%$

Sample calculation

$$\frac{5,493}{3,093} \times 100\% = \mathbf{177.59\%}$$

$$\frac{5,493 + 1,140 + 288}{3,093} \times 100\% = \mathbf{223.76\%}$$

Explanation

Indicator which shows how available capital is employed and which answers the question of the extent to which the fixed assets, which should be available to the company over the long term, are covered by equity that remains in the company for an equally long term. The higher the equity to assets ratio the better, as this means that parts of the current assets are also being financed long-term. The equity to assets ratio is thus the counterpart to the fixed assets to equity ratio. To the extent that it is known, in the second ratio the portion of current assets which has long-term financing can also be considered alongside the fixed assets (so-called staple inventory).

Advantages	Disadvantages
• Calculation shows whether principle of matching maturities is upheld • Serves as a control instrument to maintain a company's liquidity	• Only a rough approximation is possible • Existence of hidden assets leads to distortions • The type of fixed assets or quality is not considered

6.17 Grado de cobertura del inmovilizado

Fórmula

$$\text{Grado de cobertura I: } \frac{\text{capital propio}}{\text{inmovilizado}} \times 100\ \%$$

$$\text{Grado de cobertura II: } \frac{\text{capital propio} + \text{capital ajeno a l. pl.}}{\text{inmovilizado}} \times 100\ \%$$

Ejemplo de cálculo

$$\frac{5.493}{3.093} \times 100\ \% = \textbf{177,59 \%}$$

$$\frac{5.493 + 1.140 + 288}{3.093} \times 100\ \% = \textbf{223,76 \%}$$

Comentario

Indicador del empleo del capital existente. Da respuesta a la interrogante relativa al punto hasta el cual el inmovilizado que ha de estar perdurablemente a disposición de la empresa, está cubierto por un capital propio que igualmente permanece a largo plazo en ella. Mientras mayor sea el grado de cobertura del inmovilizado, tanto mejor, pues en ese caso también pueden ser cofinanciadas partes del activo circulante. Esto significa que el grado de cobertura del inmovilizado es el recíproco de la regla de oro del balance. En la medida en que sea conocida, en el caso del grado de cobertura II puede también la parte de financiación a largo plazo del activo circulante ser adicionada al inmovilizado (la llamada componente de hierro de existencias).

Ventajas	Desventajas
• Cálculo del cumplimiento del principio básico de la congruencia de plazos	• Se obtiene sólo una aproximación gruesa de los plazos
• Sirve de instrumento de control para el mantenimiento de la liquidez de la empresa	• La existencia de reservas ocultas conduce a distorsiones
	• El tipo de inmovilizado o bien del valor real queda fuera de consideración

6.18 Current liabilities to sales

Formula

$$\frac{\text{Current liabilities}}{\text{Sales}} \times 100\%$$

Sample calculation

$$\frac{1{,}437 + 909 + 468}{14{,}019} \times 100\% = \mathbf{20.07\%}$$

Explanation

This ratio shows what part of sales is due for repaying liabilities over the short term. The smaller this percentage, the more positive this is for the company. This key indicator should also be considered when analyzing companies' liquidity as liquid funds are generated by operations.

If we swap the numerator and the denominator (14,019/2,814 = 4.98), we obtain a factor which shows how often current liabilities were covered by revenues in this period. Expressed in days: 365/4.98 = 73.29 days. This means that the company needs approx. ten weeks to repay its current liabilities with sales (given straight-line revenue income). To improve meaningfulness, this figure can be compared to the duration of the operating cycle (also see inventory turnover, page 136).

Advantages	Disadvantages
• Overview of the relative amount of current liabilities	• Low meaningfulness
• Liquidity information on which portion of sales is left after repaying current liabilities	• Current liabilities depend on balance sheet date
• Is used during credit issuing process	• Cost structure is not taken into account

6.18   Vinculación del capital

Fórmula

$$\frac{\text{Obligaciones a corto plazo + obligaciones por suminist. y prest.}}{\text{ventas y prestaciones de servicio}} \times 100\ \%$$

Ejemplo de cálculo

$$\frac{1.437 + 909 + 468}{14.019} \times 100\ \% = \mathbf{20{,}07\ \%}$$

Comentario

Con este indicador se determina, cuál es la parte de ventas y prestaciones de servicios que deberá ser utilizada a corto plazo para el pago de obligaciones. Mientras menor sea este porcentaje, mejor será para la situación de la empresa. Debido a la obtención de medios líquidos derivados de la actividad operativa, el indicador "vinculación de capital" debería también ser considerado al efectuar un análisis de liquidez.

Si se invierte la fracción (14.019 / 2.814 = 4,98), se obtiene el número de veces que ventas y prestaciones de servicio han cubierto las obligaciones a corto plazo del período. Expresado en días: 365/4,98 = 73,29 días. Esto significa que la empresa necesita aproximadamente 10 semanas para reembolsar, con ventas y prestaciones de servicio (con ingresos por ventas y prestaciones de servicio lineales), las obligaciones a corto plazo. Para mejorar la significación informativa, este número puede ser confrontado con la duración del ciclo operativo (ver "razón de costes de ventas y prestaciones de servicio a existencias", pág. 137).

Ventajas	Desventajas
• Visión general de la magnitud relativa de las obligaciones a corto plazo	• Escasa significación informativa
• Información de liquidez relativa a la parte de ventas y prestaciones de servicio que permanece, después de reembolsadas las obligaciones a corto plazo	• Obligaciones a corto plazo están ligadas a fechas específicas
• Encuentra aplicación en proceso de otorgamiento de créditos	• Estructura de costes no es considerada

6.19 Receivables to short-term liabilities

Formula

$$\frac{\text{Receivables}}{\text{Short-term liabilities}} \times 100\%$$

Sample calculation

$$\frac{2,064}{1,437 + 909 + 468} \times 100\% = \mathbf{73.35\%}$$

Explanation

Receivables to short-term liabilities shows to what extent short-term payables are covered by existing receivables. The ratio is, among others, an indicator for a company's ability to meet short-term financial obligations directly from its operating business (i.e., invoiced revenues).

In connection with this ratio the receivables turnover (see page 130) as well as the creditor's payment targets should be considered for the interpretation, because a high degree of short-term liabilities may also be an indicator for a strong market position. Should the ratio be less than 100%, the current ratio and quick ratio (see pages 156, 158) should also be taken into account for better assessing the danger of possible liquidity problems.

Advantages	Disadvantages
• Over time an indicator for a company's account receivables management respectively changes in payment targets • Compares purchase to sales figures	• Static ratio • No information on maturities • Especially for market dominating (retail) companies hardly meaningful • No general information provided if and for how long a company is still liquid

6.19　Capacidad de reembolso

Fórmula

$$\frac{\text{Importes de Deudores}}{\text{obligaciones a corto plazo}} \times 100\,\%$$

Ejemplo de cálculo

$$\frac{2.064}{1.437 + 909 + 468} \times 100\,\% = \textbf{73,35\,\%}$$

Comentario

La capacidad de reembolso (en la literatura se la designa también "flujo de pagos") indica el grado en que las obligaciones de corto plazo pueden ser reembolsadas con los importes de Deudores existentes y revela entre otros la solvencia de la empresa derivada de la actividad operativa, es decir, de las ventas y prestaciones de servicio facturadas. En relación con la capacidad de reembolso deberían ser incluidos además en la interpretación, la rotación de Deudores (ver pág. 131) y los objetivos de pago de Acreedores, ya que un alto grado de obligaciones a corto plazo, también puede ser un indicador del poder que una empresa posee en el mercado. Si el valor de este indicador fuera menor que 100 %, deberían eventualmente considerarse adicionalmente indicadores de liquidez (ver págs. 157 y 159), a objeto de poder estimar mejor el peligro de una posible insolvencia.

Ventajas	Desventajas
• En el curso del tiempo, indicación sobre management de Deudores o bien cambios en los objetivos de pago de la empresa	• Indicador estático
	• No informa sobre plazos
• Confronta magnitudes de compras y ventas	• Escasa significación informativa, precisamente en el caso de empresas (comerciales) con posición dominante en el mercado
	• No proporciona información general en cuanto a si una empresa posee liquidez y si ello es así, durante cuánto tiempo seguirá teniéndola

6.20   EBIT to short-term liabilities

Formula

$$\frac{EBIT}{\text{Short-term liabilities}} \times 100\%$$

Sample calculation

$$\frac{1,452}{1,437 + 909 + 468} \times 100\% = \mathbf{51.60\%}$$

Explanation

This ratio compares a company's EBIT to short-term liabilities. It is an indicator for a company's ability to cover short-term liabilities through operating income. This is an important figure especially for creditors, as companies which are not able to meet short-term obligations will most likely struggle with long-term debt. This can have a strong effect on a company's ability for further leverage.

In the example above, the company would not be able to repay its total short-term liabilities through operating income. This may be an indicator for a company's structural problems, but again payment targets should be taken into account. If we change numerator and denominator, it becomes visible how many years it takes to repay the company's short-term debt (if necessary total liabilities can be compared) by operating income.

Advantages	Disadvantages
• High significance for a company's financial power, showing the actual debt release	• Solvency can only be determined by considering cash and cash equivalents
• Shows the ability to redeem short-term liabilities from the operating business	• Assets are not considered
	• Maturities are ignored
	• Cash flow is more meaningful than EBIT

6.20 Resultado de explotación dinámico

Fórmula

$$\frac{EBIT}{\text{capital ajeno a corto plazo}} \times 100\ \%$$

Ejemplo de cálculo

$$\frac{1.452}{1.437 + 909 + 468} \times 100\ \% = \mathbf{51{,}60\ \%}$$

Comentario

Este indicador establece una relación entre el resultado de la explotación y las deudas a corto plazo. El resultado de explotación dinámico revela así al observador cuál es la capacidad de la empresa para realizar el servicio de las obligaciones a corto plazo provenientes de la actividad operativa. Indicador importante para aportadores de capital ajeno: las empresas que no están en condiciones de realizar el servicio de sus deudas a corto plazo, tendrán grandes dificultades para el servicio de sus deudas a largo plazo, lo cual dificulta enormemente la nueva asunción de capital ajeno.

La empresa del presente ejemplo no estaría en condiciones de realizar el servicio de las obligaciones por suministros y prestaciones con los beneficios operativos. Esto puede ser un indicio de problemas estructurales en la empresa, sin embargo, también aquí deberán ser considerados los objetivos de pago. Si se recurre al valor inverso se aprecia con claridad, cuántos años serán necesarios para la eliminación de las deudas (eventualmente se puede considerar también el endeudamiento total).

Ventajas	Desventajas
• Buena aportación de información sobre la capacidad de financiación de una empresa, ya que indica qué parte del real endeudamiento puede ser eliminada	• La solvencia no puede ser determinada sin consideración de medios líquidos
• Indica cuál es la capacidad de la empresa para reembolsar las obligaciones a corto plazo con la actividad operativa	• Situación del activo no es considerada
	• Plazos son ignorados
	• Cash Flow tiene mayor significación informativa que resultado de la explotación (EBIT)

6.21　EBIT interest coverage

Formula

$$\frac{\text{EBIT}}{\text{Interest expense (income), net operating}}$$

Sample calculation

$$\frac{1,452}{12} = \textbf{121.0}$$

Explanation

EBIT interest coverage shows the extent to which operating earnings cover interest expense. The lower this ratio, the higher the additional impact on earnings if the cost of debt increases, e.g., from a lower rating, and the lower the proportion of operating profit that can be distributed to shareholders.

On the other hand, a high interest coverage ratio indicates whether or not a company can take out further loans, which would lower the total cost of capital and thus increase the return on equity. In the example above the company shows relatively low net operating interest expense in the income statement leading to a very high EBIT interest coverage ratio.

Advantages	Disadvantages
• Shows risk for level of debt	• Should be considered in conjunction with other indicators (e.g., dynamic gearing), as not meaningful when taken alone
• Provides information on additional debt potential	
• Shows proportion of operating income that must be paid to repay debt	• Rental expense (leasing) is not considered
	• Little significance for companies with little or no debt

6.21 Grado de cobertura de intereses

Fórmula

$$\frac{\text{EBIT}}{\text{gastos por intereses}}$$

Ejemplo de cálculo

$$\frac{1.452}{12} = \textbf{121,0}$$

Comentario

El indicador "grado de cobertura de intereses" suministra información sobre el ámbito en que el resultado operativo cubre los gastos por intereses. Cuanto menor sea esta proporción, mayor será la carga adicional sobre el resultado en el caso de costes de capital ajeno crecientes, consecuencia p. ej. de una baja en la clasificación por rating, y menor será la proporción del beneficio operativo que puede ser repartida a los accionistas.

Por otro lado, un alto grado de cobertura de intereses indica si una empresa está o no en condiciones de asumir nuevas aportaciones de capital ajeno, lo que reduciría los costes de capital y consecuentemente aumentaría el rendimiento del capital propio. En el ejemplo de arriba, los gastos de la empresa por intereses son relativamente bajos, lo que conduce a un grado de cobertura de intereses muy elevado.

Ventajas	Desventajas
• Medida del riesgo relativo a grado de endeudamiento	• Debería ser considerado en conjunción con otros indicadores (p. ej. grado de endeudamiento dinámico), ya que solo carece de significación informativa
• Suministra información sobre potencial de endeudamiento adicional	
• Determina la parte de los ingresos operativos requerida por el endeudamiento	• Gastos de arrendamiento (Leasing) no son considerados
	• Escasa significación informativa para empresas que presentan reducido endeudamiento

Chapter / Capítulo 7

Ratios for corporate valuation /
Indicadores para la valoración
de empresas

7.1 Earnings per share (EPS), basic

Formula

$$\frac{\text{Net income excl. extraordinary items} - \text{Preferred dividends}}{\text{Weighted average total common shares outstanding}}$$

Sample calculation

$$\frac{882 \pm 0 - 0}{\dfrac{(354 + 354)}{2}} = \textbf{2.49 per share}$$

Explanation

When calculating earnings per share, the company's profits (net income), adjusted for extraordinary items, are divided by the average number of total common shares outstanding.

This indicator is used most often to describe a company's performance over time and is one of the basics of company valuation. We must take into account the different ways of calculating net income depending on the various national accounting standards. Share options, convertible bonds, rights issues or capital increases raise the number of outstanding shares and thus dilute the earnings per share (also see page 190).

Advantages	Disadvantages
• Used in company valuations	• Static figure
• Large number of (analyst) estimates are freely accessible	• Net income may be subject to a wide range of adjustments
• Intuitive	• Calculations for the number of shares are not always uniform
• Used in industry comparisons	• Is subject to the greatest possible accounting policy latitude

7.1   Ganancia por acción, no diluida

Fórmula

Excedente del ejercicio ± resultado extraordinario − dividendos preferentes

nº ponderado promedio de acciones comunes en el mercado

Ejemplo de cálculo

$$\frac{882 \pm 0 - 0}{\dfrac{(354 + 354)}{2}} = \textbf{2,49 por acción}$$

Comentario

Para calcular la ganancia no diluida por acción, se restan del excedente del ejercicio rectificado (± resultado extraordinario) los dividendos preferentes, dividiendo la cantidad resultante por el número ponderado promedio de acciones comunes.

Este es el indicador más utilizado para reflejar la evolución de una empresa en el curso del tiempo y constituye una base para la evaluación de empresas, debiendo eso si considerarse las distintas formas de determinación de la ganancia, según cuáles sean las prescripciones de presentación y publicación de cuentas de cada país. Las opciones sobre acciones, obligaciones convertibles, los derechos de suscripción preferentes o aumentos de capital, elevan la cantidad de acciones y diluyen consecuentemente la ganancia por acción (ver también pág. 191).

Ventajas	Desventajas
• Sirve para la evaluación de empresas	• Magnitud estática
• Gran cantidad de estimaciones (de analistas) de libre acceso	• Ganancia está eventualmente sujeta a distintos ajustes
• Comprensible intuitivamente	• El cálculo de la cantidad de acciones no es unitario
• Sirve para comparación de industrias	• Está sujeto a los mayores márgenes posibles de políticas de balance

7.2   Earnings per share (EPS), diluted

Formula

$$\frac{\text{Net income excl. extraordinary items } - \text{ Preferred dividends} + \text{Interest expense for convertible bonds } (t-1)}{\text{Weighted average total common shares outstanding} + \text{Converted shares}}$$

Sample calculation

$$\frac{882 \pm 0 - 0 + 0}{\frac{354 + 354}{2} + 0} = \textbf{2.49 per share}$$

Explanation

In order to calculate diluted earnings per share, the company's profits (diluted net income), adjusted for extraordinary items and interest expense for convertible bonds, are divided by the average number of common shares including the new shares converted from convertible bonds. As soon as stock options or convertible bonds are converted into stocks, the number of total shares outstanding rises, which results in a negative impact on earnings per share, diluted.

This figure is the indicator used most often to describe a company's performance over time and is one of the basics of company valuation. We must take into account the different ways of calculating net income depending on the various national accounting standards. The difference between EPS, basic and diluted shows the impact of corporate actions (e.g. capital increase) and/or stock option plans.

Advantages	Disadvantages
• Used in company valuations	• Static figure
• Large number of (analyst) estimates are freely accessible	• Net income may be subject to a wide range of adjustments
• Adjusted earnings figure	• Calculations for the number of shares are not always uniform
• Used in industry comparisons	• Is subject to the greatest possible accounting policy latitude

7.2   Ganancia por acción, diluida

Fórmula

$$\frac{\text{Excedente del ejercicio} \pm \text{resultado extraordinario} - \text{dividendos preferentes} + \text{gastos por intereses obligaciones convert.} \ (t-1)}{n^{\circ} \text{ ponderado promedio de acciones comunes en el mercado} + \text{acciones convertidas}}$$

Ejemplo de cálculo

$$\frac{882 \pm 0 - 0 + 0}{\frac{354 + 354}{2} + 0} = \textbf{2,49 por acción}$$

Comentario

Para efectuar el cálculo de la ganancia diluida por acción, el excedente del ejercicio, diluido y rectificado por el resultado extraordinario, ajustado con los gastos por intereses de las obligaciones convertibles, se divide por la suma del número ponderado promedio de acciones comunes y las acciones convertidas. En cuanto las opciones sobre acciones sean concretizadas o las obligaciones convertibles sean convertidas en acciones, aumenta el número de acciones en el mercado, lo que tiene un efecto negativo sobre el resultado diluido por acción.

Este es el indicador más utilizado para reflejar la evolución de una empresa en el curso del tiempo y constituye una base para la evaluación de empresas, debiendo eso si considerarse las distintas formas de determinación de la ganancia, según cuáles sean las prescripciones de presentación y publicación de cuentas de cada país. El importe de la diferencia entre las ganancias diluida y no diluida por acción muestra la influencia de decisiones de management respecto de medidas relativas al capital o a planes de opciones sobre acciones.

Ventajas	Desventajas
• Sirve para la evaluación de empresas	• Magnitud estática
• Gran cantidad de estimaciones (de analistas) de libre acceso	• Ganancia está eventualmente sujeta a distintos ajustes
• Magnitud de ganancia rectificada	• El cálculo de la cantidad de acciones no es unitario
• Sirve para comparación de industrias	• Está sujeto a los mayores márgenes posibles de políticas de balance

7.3   Price earnings ratio (P/E)

Formula

$$\frac{\text{Price per share}}{\text{Earnings per share, diluted}}$$

Sample calculation

$$\frac{35.00}{2.49} = \mathbf{14.06}$$

Explanation

The P/E ratio expresses the factor by which the company's current profits are valued on the stock market. At the same time, a high P/E ratio can mean that the quality of profits in future years is increasing strongly and that the P/E ratio will decrease accordingly in the future.

However, as a company's profits are subject to major fluctuations, in particular in international comparisons, the meaning of the P/E ratio is limited. It is suitable for a quick comparison within one year and one industry. The long term P/E ratio for stocks (US market) is around 17. We thus often talk of overvaluation (P/E > 20) or undervaluation (P/E < 10) of the stock market. The P/E ratio is a highly volatile indicator that is strongly based on external expectations and influences.

Advantages	Disadvantages
• Allows quick comparison	• No consideration of company growth
• Non-industry dependent indicator	• Static indicator
• Easy to calculate	• Profits are dependent on accounting policy and national accounting standards and tax legislation
• Large number of profit estimates are freely accessible, making quick calculation possible	• A company must record profits to allow calculation of the P/E ratio

7.3 Razón de cotización a ganancia (RCG)

Fórmula

Cotización bursátil de cada acción
ganancia por acción, diluida

Ejemplo de cálculo

$$\frac{35,00}{2,49} = \mathbf{14,06}$$

Comentario

La razón de cotización a ganancia revela cuál es el múltiplo de la ganancia en curso con que la empresa es valorada en la bolsa. A su vez, un alto valor de RCG puede significar que la calidad de las ganancias aumentará considerablemente en los años siguientes y que, por consiguiente, la RCG declinará correspondientemente en el futuro.

Dado sin embargo que, especialmente desde el punto de vista de una comparación internacional, la ganancia de una empresa es una magnitud muy susceptible de sufrir fluctuaciones, la significación informativa de RCG es limitada, pero es apropiada para la realización de una comparación rápida dentro de un año o ramo. El valor a largo plazo de la RCG del mercado de acciones es de aproximadamente 15. Por eso se suele también hablar frecuentemente de una sobrevaloración (RCG > 20) o bien de una infravaloración (RCG < 10) del mercado accionario. La RCG es un indicador sumamente inestable, sujeto fuertemente a expectativas e influencias externas.

Ventajas	Desventajas
• Permite rápida comparación	• No considera crecimiento de la empresa
• Indicador no dependiente del ramo	• Indicador estático
• Fácil de determinar	
• Gran cantidad de estimaciones de ganancias de libre acceso, lo que posibilita un cálculo rápido	• Ganancias dependen de política de balance así como de prescripciones nacionales de presentación y publicación de cuentas y leyes tributarias
	• Para el cálculo de la RCG, la empresa tiene que obtener ganancias

7.4   Price earnings growth ratio (PEG)

Formula

$$\frac{\text{P/E ratio}}{\text{Compound average growth rate (CAGR)}}$$

Sample calculation

$$\frac{14.06}{10} = \mathbf{1.41}$$

Explanation

The price earnings growth ratio – or the dynamic P/E ratio – is the ratio of P/E to the company's compound average growth rate. The CAGR is usually calculated for three to five years in the future.

This means that the price earnings growth ratio is mainly suitable for young, fast-growing companies and to some extent it puts the rigidity of the P/E ratio into perspective. For example, if a company records annual profit increases of 25% with a P/E ratio of 25, then this company would have a PEG ratio of 1 and would thus be, by definition, fairly valued. Companies with a PEG ratio > 1 are generally regarded as being overvalued, companies with PEG ratios < 1 tend to be undervalued.

Advantages	Disadvantages
• Easy to calculate	• Does not provide any clear criteria for the amount of the PEG ratio
• Tries to take a dynamic component into account	
• Used in relative comparisons	• Only marginally overcomes the disadvantages of the »traditional« P/E ratio

7.4   RCG dinámico

Fórmula

$$\frac{\text{RCG}}{\text{tasa promedio de crecimiento de las ganancias (CAGR)}}$$

Ejemplo de cálculo

$$\frac{14,06}{10} = \mathbf{1,41}$$

Comentario

El ratio Price Earnings Growth o RCG dinámico, establece una relación entre la RCG y el crecimiento promedio de las ganancias (en inglés: Compound Average Growth Rate o CAGR) de una empresa. La CAGR se calcula usualmente para un período de tiempo futuro de 3 a 5 años.

El ratio Price Earnings Growth es por ello especialmente indicado para empresas jóvenes de rápida expansión y relativiza en parte la rigidez de la RCG. Si para una RCG de 25 una empresa presenta aumentos anuales de las ganancias del orden del 25 %, significa que el ratio PEG de esa empresa sería 1 y, por definición, poseería una valoración equitativa. Valores mayores que 1 se consideran en general como supervalorados. En cambio, los valores con un ratio PEG menor que 1 se consideran tendencialmente infravalorados.

Ventajas	Desventajas
• Fácil de determinar	• No proporciona criterios claros para la magnitud del ratio PEG
• Intenta considerar una componente dinámica	• Supera sólo en muy escasa medida las desventajas de la RCG "clásica".
• Sirve para comparación relativa	

7.5   EBITDA per share

Formula

$$\frac{\text{EBITDA}}{\text{Total common shares outstanding}}$$

Sample calculation

$$\frac{1,944}{354} = \mathbf{5.49}$$

Explanation

For calculating this ratio a company's EBITDA is compared to total common shares outstanding (diluted). The ratio shows a company's operating profit per share, not considering interest and taxes as well as depreciation and amortization. This cash flow approximation helps to internationally compare a company's earnings power within an industry, as national tax regulations, differences in the capital structure or depreciation policies are not taken into account.

Advantages	Disadvantages
• The impact of various forms of financing is not considered (may not apply to leasing)	• Only truly meaningful together with other indicators (e.g., enterprise value or market capitalization)
• Write-downs have no impact	• Cross-industry comparisons are difficult
• Can be used as indicator for a company's operative earnings power per share	
• Makes international comparison more simple, as national taxes are not included	

7.5   EBITDA por acción

Fórmula

$$\frac{\text{EBITDA}}{\text{cantidad de acciones comunes en el mercado}}$$

Ejemplo de cálculo

$$\frac{1.944}{354} = \mathbf{5,49}$$

Comentario

Para el cálculo de este indicador se divide el EBITDA por la cantidad de acciones comunes (diluidas) en el mercado. De esta forma se puede determinar el resultado puramente operativo por acción, el que deja fuera de consideración los pagos de intereses e impuestos así como las depreciaciones. Gracias a este indicador, la capacidad de generación de beneficios de las empresas puede ser comparada a nivel internacional, ya que las diferentes leyes tributarias, estructuras de capital o políticas de depreciación no ejercen ninguna influencia.

Ventajas	Desventajas
• La influencia de distintas formas de financiación no falsea los valores suministrados por el indicador (eventualmente no válido para Leasing)	• Sólo en conjunción con otros indicadores posee real significación informativa (p. ej. Enterprise Value o capitalización bursátil)
• Las depreciaciones no ejercen influencia	• La realización de comparaciones que rebasen un determinado ámbito industrial presenta grandes dificultades
• Puede ser empleado como indicador de la capacidad operativa por acción para la generación de beneficios	
• Facilita la comparabilidad internacional, dado que p. ej. las leyes tributarias nacionales quedan fuera de consideración	

7.6 Cash flow per share

Formula

$$\frac{\text{Cash flow from operating activities}}{\text{Total common shares outstanding}}$$

Sample calculation

$$\frac{1{,}248}{354} = \textbf{3.53}$$

Explanation

The cash flow per share is calculated by dividing the cash flow from operating activities by (diluted) common shares outstanding, respectively the average total common shares outstanding. Cash flow per share reflects the company's earnings power and is a valuable information in addition to EPS. In contrast to net income, the cash flow eliminates depreciation and amortization as well as changes in assets and liabilities. Therefore, the ratio is well-suited for company comparisons within the industry.

Advantages	Disadvantages
• Used in company valuations	• May vary strongly over time, as cash flow can fluctuate
• Allows relative peer group analyses	• Costs of capital respectively invested capital are not considered
• Cash flow is less susceptible to accounting policy	• Investment requirements are not taken into account

7.6 Cash Flow por acción

Fórmula

$$\frac{\text{Cash Flow de actividad operativa}}{\text{cantidad de acciones comunes en el mercado}}$$

Ejemplo de cálculo

$$\frac{1.248}{354} = \textbf{3,53}$$

Comentario

Para el cálculo del Cash Flow por acción, se establece la razón del Cash Flow operativo a la cantidad de acciones comunes en el mercado (diluidas o no diluidas).

Este indicador sirve como alternativa de la expresión "ganancia por acción", ya que la determinación del Cash Flow es más independiente de los distintos estándares de presentación y publicación de cuentas. El Cash Flow por acción revela la fuerza financiera de la empresa así como su capacidad para repartir dividendos. Es por eso que este indicador es muy adecuado para la realización de comparaciones de empresas dentro del mismo ramo.

Ventajas	Desventajas
• Sirve para la evaluación de una empresa	• Varía fuertemente en el curso del tiempo, dado que el Cash Flow es susceptible de sufrir fluctuaciones
• Posibilita una comparación relativa de competidores	• Los costes de capital no son considerados
• Menos susceptible ante medidas de políticas de balance	• Los requerimientos de inversión no son considerados

7.7   Market capitalization

Formula

Total common shares outstanding × Price per share

Sample calculation

354 mn × 35.00 = **12,390 mn**

Explanation

Market capitalization is given by the number of shares of a specific type, usually total common shares outstanding, multiplied by the respective share price. Market capitalization thus expresses the current market value of a company's equity.

As a rule, the higher a company's market capitalization the higher the investors' interest is, and thus the share's liquidity, i.e. the number of shares traded on a daily basis. Many stock exchanges use in particular the market capitalization and the daily volume as the decisive components for the company's membership of a stock index. If a company is included in an index (e.g., Dow Jones Industrial, FTSE 100, DAX), then this in turn increases awareness of the company among international investors.

Advantages	Disadvantages
• Used to compare company size • Market capitalization is often used to measure how investable shares are, i.e., lower market impact even for large-volume share orders	• There are various forms of market capitalization. A key factor is whether the shares are in »fixed hands« (e.g., family owned) or if they are freely available. The market capitalization in the indices are generally based on free float shares

7.7   Capitalización bursátil

Fórmula

> Cantidad de acciones comunes en el mercado x precio por acción

Ejemplo de cálculo

354 mill. × 35,00 = **12.390 mill.**

Comentario

La capitalización bursátil se obtiene multiplicando la cantidad de acciones según tipo (acciones comunes o preferentes) por el curso de la respectiva acción. Por tanto, la capitalización bursátil expresa el valor de mercado del momento del capital propio de una empresa.

Mientras mayor sea la capitalización bursátil de una empresa, mayor será normalmente el interés de los inversores y con ello la liquidez de una acción. En muchas bolsas, la liquidez y la capitalización de mercado de una empresa son las dos principales componentes para su inclusión en un determinado índice bursátil. Si una empresa está incluida en un determinado índice bursátil (p. ej. Dow Jones, FTSE 100, DAX), ello contribuye adicionalmente a aumentar el interés de los inversores internacionales.

Ventajas	Desventajas
• Sirve para la comparación del tamaño de empresas • A la capitalización bursátil se recurre frecuentemente como pauta para el atractivo de inversión en acciones, es decir, pequeña influencia en el mercado incluso tratándose de carteras de acciones de gran volumen	• Hay distintas formas de capitalización bursátil. Al respecto es determinante, si el acceso a las acciones es libre o si ello no es así (p. ej. por estar en poder de una familia). La capitalización bursátil de los índices está normalmente referida a la cantidad de acciones de libre disposición

7.8   Market capitalization to cash flow

Formula

$$\frac{\text{Market capitalization}}{\text{Cash flow from operating activities}}$$

Sample calculation

$$\frac{354 \times 35.00}{1,248} = \textbf{9.93}$$

Explanation

If we divide the share price by the cash flow per share, diluted, (alternatively market capitalization divided by operating cash flow as shown in the example above) then we obtain the company's price/cash flow ratio.

This indicator shows the factor by which the company's cash flow is valued on the stock market and serves as a supplement to the P/E ratio. The fact that the cash flow is more meaningful than profits allows us to derive the share's relative attractiveness compared to the industry by considering the price/cash flow ratio.

Advantages	Disadvantages
• Easy to calculate	• Investment requirements are not taken into account
• Cash flow is less susceptible to accounting policy	• Costs of capital are not considered
• Used in relative comparisons	• The underlying capital is not taken into account

7.8   Relación curso – Cash Flow (RCC)

Fórmula

$$\frac{\text{Capitalización bursátil}}{\text{Cash Flow de actividad operativa}}$$

Ejemplo de cálculo

$$\frac{354 \times 35,00}{1.248} = \textbf{9,93}$$

Comentario

Si se establece la razón, capitalización bursátil a Cash Flow operativo, o bien, si alternativamente se divide el curso de la acción por el Cash Flow por acción, se obtiene la relación curso – Cash Flow de una empresa.

El indicador revela el factor del Cash Flow con el cual están valoradas en la bolsa las acciones de una empresa y sirve de complemento de la RCG. Debido a la mayor significación informativa del Cash Flow respecto de la ganancia, resulta posible, considerando la relación curso – Cash Flow, determinar el atractivo relativo de una acción dentro del ramo en cuestión.

Ventajas	Desventajas
• Fácil de determinar	• No se consideran los requerimientos de inversión
• El Cash Flow es menos influenciable desde el punto de vista de las políticas de balance	• Los costes de capital no se consideran
• Sirve para comparación relativa	• El capital subyacente no es considerado

7.9   Market capitalization to sales

Formula

$$\frac{\text{Market capitalization}}{\text{Sales}}$$

Sample calculation

$$\frac{12,390}{14,019} = \mathbf{0.88}$$

Explanation

This indicator is the ratio of the company's current stock market capitalization to its sales in the past fiscal year. It expresses the factor by which one unit of sales (i.e. one Euro) is valued on the stock market. For example, a ratio of 0.88 shows that 1.00 EUR of sales is currently valued at 0.88 EUR on the stock market.

It can be pertinent to use this indicator, for example, if a company does not record any profits and has to be compared within its industry. However, the indicator should always be observed in conjunction with the return on sales or sales growth, as its meaningfulness is otherwise limited.

Advantages	Disadvantages
• Used in company valuations	• Not precise enough to calculate a company's value
• Accounting policy has almost no impact	• Forms of financing are not taken into account
• Helpful if company does not yet record a positive operating result	• Different growth rates are not borne out
• Easy to calculate	

7.9 Relación curso – ventas y prestaciones de servicio

Fórmula

$$\frac{\text{Capitalización bursátil}}{\text{ventas y prestaciones de servicio}}$$

Ejemplo de cálculo

$$\frac{12.390}{14.019} = \mathbf{0,88}$$

Comentario

Este indicador establece una relación entre la capitalización bursátil de la empresa en la bolsa en un momento dado y las ventas y prestaciones de servicio del último ejercicio. Ella expresa, cuál es el múltiplo con que la bolsa valora las ventas y prestaciones de servicio en EUR. Un valor de 0,88 expresa p. ej. que unas ventas y prestaciones de servicio de un EUR son momentáneamente valoradas en la bolsa con 0,88 EUR.

La utilización de este indicador es adecuada entre otros casos, cuando las empresas no generan ganancias y han de ser comparadas dentro del ramo. Sin embargo, este indicador debería siempre ser considerado en conjunción con el rendimiento de ventas y prestaciones de servicio o el crecimiento de ventas y prestaciones de servicio, dado que de lo contrario se limita su significación informativa.

Ventajas	Desventajas
• Sirve para la evaluación de empresas	• Muy imprecisa para determinar valor de la empresa
• Medidas de política de balance carecen prácticamente de influencia	• Formas de financiación quedan fuera de consideración
• Útil, cuando las empresas aún no obtienen un resultado operativo positivo	• Tasas de crecimiento diferentes no encuentran aplicación
• Fácil de determinar	

7.10   Price to book (total equity)

Formula

$$\frac{\text{Market capitalization}}{\text{Total equity}}$$

Sample calculation

$$\frac{12,390}{5,493} = \mathbf{2.26}$$

Explanation

The price to book ratio shows the ratio of the current market capitalization divided by the balance sheet equity. The book value represents the quality of the company's assets. We must take into account that hidden assets may show book values which are significantly below their current fair value.

In general, a low price to book ratio indicates that a company is valued low. As a rule, the price to book ratio is greater 1, i.e., the shareholder pays a premium for the positive future prospects. During bear markets, the book value sometimes exceeds the respective share price. This holds particularly true for cyclical companies, for which profits slump more than average. However, these periods are mostly short-lived on the stock market.

Advantages	Disadvantages
• Easy to calculate	• Static indicator
• Used in company valuations	• Company growth is not taken into account
• Based on a company's quality	• Some national accounting laws allow goodwill to be offset against equity. This may lead to distortions

7.10   Relación curso – valor libro

Fórmula

$$\frac{\text{Capitalización bursátil}}{\text{valor libro del capital propio}}$$

Ejemplo de cálculo

$$\frac{12.390}{5.493} = \mathbf{2{,}26}$$

Comentario

El indicador relación curso – valor libro confronta la capitalización bursátil con el capital propio según balance. El valor libro representa el valor real de los elementos patrimoniales del activo. Cabe sin embargo observar que como consecuencia de las prescripciones de presentación y publicación de cuentas, los valores libro de las empresas frecuentemente son claramente inferiores a los del mercado, lo que afecta la respectiva significación informativa de este indicador.

Básicamente, un valor bajo de la relación curso – valor libro indica que se trata de una empresa que ha sido evaluada de forma conveniente. Normalmente, el valor de este indicador es mayor que uno, lo que significa que los accionistas pagan un sobreprecio por las positivas expectativas futuras. En las fases de baja, los valores libro son en parte superiores a los respectivos cursos de las acciones, lo cual sucede especialmente en el caso de empresas cíclicas, en las que se producen caídas de las ganancias superiores a las del promedio. Sin embargo, en la bolsa, estas fases son generalmente de poca duración.

Ventajas	Desventajas
• Fácil de determinar	• Indicador estático
• Sirve para la evaluación de empresas	• Crecimiento de una empresa queda fuera de consideración
• Se refiere al valor real de una empresa	• Según algunos códigos de comercio, el Goodwill puede ser compensado con el capital propio, lo que puede provocar claras distorsiones

7.11   Net asset value per share

Formula

$$\frac{\text{Total equity} - \text{Preferred equity}}{\text{Total number of common shares outstanding}}$$

Sample calculation

$$\frac{5,493 - 0}{354} = \textbf{15.52}$$

Explanation

The net asset value (NAV) per share, or also called book value per share is calculated by dividing total equity (minus preferred equity) by total common (respectively ordinary) shares outstanding. The result provides information on the company's net asset value. The higher the difference between the company's net asset value and the actual share price, the higher the amount of future free cash flows is already priced into the stock. This in turn means that stocks with relatively low net asset values in comparison to their share price may hold more risk for its investors in case cash flows fluctuate stronger than anticipated.

In case NAV is higher than the actual share price, this might be an indicator for implied risks which the company is facing (e.g., solvency problems, court decisions), which then again may threaten current levels of the company's equity.

Advantages	Disadvantages
• Easy to calculate	• Static indicator
• Used in company valuations, as it can show over- or under-valuation of a stock	• Company growth is not taken into account
• Helps to reveal company's quality	• Depending on accounting standards, sometimes goodwill may be offset against equity leading to distortions
• Risk indicator to a certain extent	

7.11   Valor libro por acción

Fórmula

$$\frac{\text{Valor libro del capital propio} - \text{capital propio preferente}}{\text{cantidad de acciones comunes en el mercado el día del balance}}$$

Ejemplo de cálculo

$$\frac{5.493 - 0}{354} = \mathbf{15,52}$$

Comentario

Para obtener el valor libro por acción se divide el valor libro del capital propio, previa sustracción del capital propio preferente, por el número de acciones comunes en el mercado. El resultado suministra información sobre el valor real de una acción. Mientras mayor sea la diferencia entre el valor real y el curso de la acción, mayor será el valor presente de los futuros Cash Flows libres contenidos en el curso de la acción.

En conclusión inversa significa esto que las acciones de valores libro muy bajos encierran un crecido riesgo para los inversores, en la medida en que no tengan lugar prognosis de Cash Flow. Si el valor libro es superior a la cotización efectiva de la acción, se puede tratar de una presencia de riesgos empresariales implícitos que podrían consumir el capital propio de una empresa.

Ventajas	Desventajas
• Fácil de calcular	• Indicador estático
• Encuentra aplicación en el curso de una evaluación de una empresa, a fin de identificar super o infra-valoraciones	• Crecimiento de una empresa no es considerado
• Sirve para determinar el valor real de la empresa y por tanto la calidad de ésta	• Según cuales sean las prescripciones de presentación y publicación de cuentas, el Goodwill puede eventualmente ser compensado con el capital propio, lo que conduce a distorsiones
• Hasta cierto punto, indicador de riesgo	

7.12 Enterprise value (EV)

Formula	Sample calculation
Market capitalization	12,390
− Cash and cash equivalents	(2,526)
+ Notes payable/short-term debt	2,814
+ Total long-term debt	1,428
+ Minority interest	36
+ Total preferred equity	0
= Enterprise value	**= 14,142**

Explanation

Enterprise value is given by adding the liabilities as well as minority interest and total preferred equity to a company's market value (market capitalization) and deducting the cash and equivalents. In contrast to the P/E ratio EV takes into account the capital structure as well as the (unprofitable) cash item in company comparisons. Calculations for the enterprise value are based on the idea that the company's financial structure does not impact its value.

At the end of the day, enterprise value shows the market value of the company's total capital and thus shows the company's value from the perspective of those providing capital (total investors and creditors).

Advantages	Disadvantages
• A larger proportion of invested capital (fund origin) is considered	• The book value of debt is simply an approximation of the actual amount of debt
• EV takes capital structure into account and »punishes« companies with high cash levels	• Complex calculation if market capitalization is not known

7.12 Enterprise Value (EV)

Fórmula	Ejemplo de cálculo
Capitalización bursátil	12.390
− medios líquidos	− 2.526
+ obligaciones a corto plazo	2.814
+ obligaciones a largo plazo	1.428
+ minoritarios	36
+ capital propio preferente	0
= Enterprise Value	**= 14.142**

Comentario

El Enterprise value se obtiene sumando al valor de mercado de una empresa (valoración del capital propio en la bolsa) las obligaciones así como los minoritarios y el capital propio preferente y restando a dicha suma los medios líquidos. El EV considera (a diferencia p. ej. de la RCG) la estructura del capital, así como también la (no rentable) Cash Position, en el caso de comparación de empresas. El cálculo del Enterprise Value se basa en el principio básico de que la estructura financiera no influye sobre el valor de la empresa.

El Enterprise Value es en último término el valor de mercado del capital total y por tanto el valor de la empresa desde el punto de vista de todos los aportadores de capital (de capital propio y ajeno).

Ventajas	Desventajas
• Una parte relativamente importante del capital invertido (origen de medios) es considerado	• El valor libro del capital ajeno es sólo una aproximación de la magnitud del real endeudamiento
• EV considera la estructura del capital y "castiga" a las empresas que poseen reservas de Cash demasiado grandes y no rentables	• Cálculo complicado, en la medida en que no se disponga de capitalización bursátil

7.13   Enterprise value / EBIT

Formula

$$\frac{\text{Enterprise value}}{\text{EBIT}}$$

Sample calculation

$$\frac{14,142}{1,452} = \textbf{9.74}$$

Explanation

EV/EBIT compares a company's market value to its operating profits. This indicator thus offers an alternative to the P/E ratio, as it takes into account different financing structures and taxation at an international level by removing interest charges and tax expense from net income. In the example above, EV/EBIT ratio of 9.74 puts the P/E ratio of more than 14 (also see page 192) into perspective.

Advantages	Disadvantages
• Independent of form of financing	• Costs of capital are not taken into account
• National tax rate does not have any impact	• Investment requirements are not borne out
• Offers a valuation of the operating result	

7.13   Enterprise Value / EBIT

Fórmula

$$\frac{\text{Enterprise Value}}{\text{EBIT}}$$

Ejemplo de cálculo

$$\frac{14.142}{1.452} = \mathbf{9,74}$$

Comentario

El cuociente EV / EBIT establece una relación entre el valor de mercado y las ganancias operativas de una empresa. Este indicador es consecuentemente una alternativa de la RCG, ya que considera las distintas estructuras de financiación y cargas tributarias existentes a nivel internacional, para lo cual las cargas por concepto de intereses y los gastos por impuestos son extraídos del excedente del ejercicio. En el ejemplo de arriba sirve consecuentemente el resultado de 9,74 como complementación de la RCG calculada, cuyo valor es mayor que 14 (ver pág. 193).

Ventajas	Desventajas
• Es independiente de la forma de financiación	• Los costes de capital no son considerados
• La cuota nacional de impuestos no ejerce influencia	• Los requerimientos de inversión no encuentran aplicación
• Tiene lugar una valoración del resultado operativo	

7.14   Enterprise value / EBITDA

Formula

$$\frac{\text{Enterprise value}}{\text{EBITDA}}$$

Sample calculation

$$\frac{14,142}{1,944} = \textbf{7.27}$$

Explanation

EV/EBITDA is the ratio of a company's enterprise value to its operating earnings before interest, taxes, depreciation and amortization (EBITDA). This indicator shows how often the operating income is included in the company's value (in this case more than seven times). In a similar fashion to EV/EBIT this ratio is superior to the traditional P/E ratio, as it also eliminates the various write-down modalities in addition to various financing structures and taxes, which means that company's can be compared internationally within the same industry.

Advantages	Disadvantages
• Allows international comparisons	• Costs of capital are not taken into account
• Helpful when valuing companies that do not yet generate any profits	• Strategic investments are not considered
• Is a commonly used indicator among financial analysts	• Does not allow any conclusions to be drawn about a company's ability to manage the necessary operating assets (net current assets)
	• Investment requirements are not considered

7.14   Enterprise Value / EBITDA

Fórmula

$$\frac{\text{Enterprise Value}}{\text{EBITDA}}$$

Ejemplo de cálculo

$$\frac{14.142}{1.944} = \textbf{7,27}$$

Comentario

El cuociente EV / EBITDA establece una relación entre el Enterprise Value (valor de la empresa) y las ganancias operativas antes de impuestos, intereses y depreciaciones (EBITDA) de una empresa. Este indicador describe el número de veces que los beneficios operativos están contenidos en el valor de la empresa (en este caso aproximadamente 7 veces). Este indicador, a semejanza de EV / EBIT, supera a la RCG clásica, ya que junto a diferentes estructuras financieras y cargas tributarias, también elimina las distintas modalidades de depreciación, con lo cual las empresas pueden ser comparadas a nivel internacional dentro del mismo ramo.

Ventajas	Desventajas
• Permite comparación internacional	• Los costes de capital no son considerados
• Útil para la evaluación de empresas que aún no generan ganancias	• Las participaciones estratégicas quedan fuera de consideración
• Indicador frecuentemente empleado por analistas financieros	• No permite obtener conclusiones sobre las habilidades de una empresa para la administración del patrimonio activo de explotación requerido (activo circulante neto)
	• Las necesidades de inversión no son consideradas

7.15   Pay out ratio

Formula

$$\frac{\text{Dividends paid}}{\text{Net income}} \times 100\%$$

Sample calculation

$$\frac{354}{882} \times 100\% = \mathbf{40.14\%}$$

Explanation

The pay out ratio describes which portion of net income was distributed to shareholders. There are only two possibilities for net income:

- it is reinvested or,
- it is paid out to shareholders.

A company's pay out ratio is primarily influenced by a company's self-financing requirements, the shareholder's tax situation and the shareholder's yield requirements. The more profitable a company, the higher the reinvestment ratio should be and the lower the corresponding pay out ratio.

Advantages	Disadvantages
• Shows an investor's actual cash return	• Profits are a must
• A high pay out ratio can serve as collateral for an investment	• Can vary over time
• The amount of retained profits can be calculated using the pay out ratio, which in turn allows conclusions to be drawn about the additional financing requirements with the given investment requirements	

7.15 Cuota de repartición

Fórmula

$$\frac{\text{Reparticiones de dividendos}}{\text{excedente del ejercicio}} \times 100 \%$$

Ejemplo de cálculo

$$\frac{354}{882} \times 100 \% = \textbf{40,14 \%}$$

Comentario

Este indicador indica cuál es la parte del excedente del ejercicio que es repartida a los accionistas. En relación con el excedente del ejercicio hay dos posibilidades:

* se lo reinvierte
* se lo reparte a los accionistas.

La cuota de repartición de una empresa es influenciada fundamentalmente por los requerimientos de autofinanciamiento, por la situación impositiva de los accionistas así como por las exigencias de éstos relativas al rédito. Mientras mayor sea la rentabilidad de una empresa, mayor debería ser la cuota de reinversión y menor el correspondiente indicador.

Ventajas	Desventajas
• Presenta el Cash Return efectivo de un inversor	• Condición previa son las ganancias
• Un alto dividendo puede servir para el aseguramiento de una inversión	• Puede variar en el curso del tiempo
• La ganancia restante retenida permite obtener conclusiones sobre las necesidades adicionales de financiación ante requerimientos de inversión dados	

7.16   Dividend per share

Formula

$$\frac{\text{Total dividends paid}}{\text{Total common shares outstanding}}$$

Sample calculation

$$\frac{354}{354} = \textbf{1.00}$$

Explanation

The dividend per share is calculated by dividing the total cash dividends paid to shareholders by the total primary shares outstanding. Dividends are either distributed to shareholders on a quarterly or annual basis. On the day of distribution the dividend is deducted from the share price and reflects the interest of a share investment (also see dividend yield on page 220). By comparing the dividend per share to its actual share price the interest can be compared to other peer group companies for evaluating a company's attractiveness.

Advantages	Disadvantages
• Dividend per share serves as an additional criteria for determining a company's attractiveness	• Dividend financing is not taken into account, i.e. is it paid from net income or retained earnings
• Used for the security aspect of an investment	• Dividends itself do not express a yield
	• Dividends can vary strongly over time

7.16 Dividendo por acción

Fórmula

$$\frac{\text{Dividendos repartidos}}{\text{cantidad de acciones comunes en el mercado}}$$

Ejemplo de cálculo

$$\frac{354}{354} = \mathbf{1,00}$$

Comentario

El dividendo por acción se calcula dividiendo la suma de los dividendos repartidos (a accionistas que poseen acciones comunes) por el número de acciones comunes en el mercado. Las reparticiones de acciones se efectúan anualmente o bien, como es usual en los países anglosajones, trimestralmente. El día de la repartición se sustrae el dividendo del valor del curso de la acción, obteniéndose así el rendimiento de una inversión en acciones (ver también "Rendimiento de dividendos" pág. 221). Si se compara el dividendo por acción con el curso del momento de la acción, se puede determinar el atractivo relativo en comparación con el Peer Group.

Ventajas	Desventajas
• Dividendo por acción sirve como criterio adicional para juzgar el atractivo de una acción	• No considera financiación del dividendo, es decir, ello tiene lugar a partir de los ingresos en curso o con reservas de ganancias de los años pasados
• Contribuye al aspecto seguridad de una inversión en acciones	• Los dividendos por si solos no revelan nada respecto del rendimiento
	• Los dividendos pueden sufrir fuertes fluctuaciones en el curso del tiempo

7.17   Dividend yield

Formula

$$\frac{\text{Dividend per share}}{\text{Share price}} \times 100\%$$

Sample calculation

$$\frac{1.00}{35.00} \times 100\% = \mathbf{2.86\%}$$

Explanation

The dividend yield is given by the ratio of dividend per share to the price per share. It shows the effective interest rate for the capital invested in shares. The dividend yield is particularly important, especially for comparisons with other forms of investment such as bonds. However, investors must take into account the fact that dividend payments are much less certain than coupon payments for bonds. At the same time the dividends are subtracted from the share price on the day the dividends are distributed, which must be compensated for over time by an increase in the share price.

Advantages	Disadvantages
• The dividend yield can also be used as an additional criterion for a company's attractiveness	• Dividend financing is not taken into account
• Used to determine relative attractiveness	• Can only be calculated if dividends are paid
• Used for the security aspect of an investment	• There is no »optimum« dividend yield
	• Individual investor's yield depends on the share price on purchase date

7.17   Rendimiento de dividendos

Fórmula

$$\frac{\text{Dividendos por acción}}{\text{cotización bursátil}} \times 100\ \%$$

Ejemplo de cálculo

$$\frac{1,00}{35,00} \times 100\ \% = \mathbf{2,86\ \%}$$

Comentario

El rendimiento de dividendos se obtiene estableciendo la razón del dividendo más abono tributario (no considerado en el ejemplo de arriba) al curso bursátil, y expresa la magnitud efectiva del interés que arroja el capital invertido en acciones. El rendimiento de dividendos reviste gran importancia para los inversores, especialmente desde el punto de vista de la comparación con otras formas de inversión, como p. ej. con los empréstitos. Sin embargo, los inversores habrán de considerar que, a diferencia de los pagos de cupones de valores de renta fija, las reparticiones de dividendos son muchísimo menos seguras. El día de la repartición de dividendos se resta el dividendo del valor de la cotización de la acción, debiendo recuperarse esta diferencia mediante el alza del curso de la acción.

Ventajas	Desventajas
• El rendimiento de dividendos puede eventualmente ser considerado como criterio adicional en relación con el atractivo de una empresa	• La financiación del dividendo queda fuera de consideración
• Sirve para determinar el atractivo relativo	• Sólo puede ser determinado, cuando se paga un dividendo
• Contribuye al aspecto seguridad de una inversión	• No existe un rendimiento de dividendos "óptimo"
	• Rendimiento depende del momento en que el inversor efectúa la compra

7.18   Beta

Formula

$$\frac{\text{Co-variance of share A to benchmark B}}{(\text{Volatility of benchmark B})^2}$$

Sample calculation

As a result of numerous factors to be considered for calculating beta, we have not included a sample calculation. A beta of 0.9 has been assumed for the following sample calculations.

Explanation

Beta measures a share's volatility compared to an index during a certain period in the past (e.g., 90 or 200 days). If beta is 0.9, the share price has increased by 9 % if the index increased by 10 % during this period. This also applies accordingly if the index falls.

The higher a company's beta, the higher the volatility and thus the risk for an investor. One of investor relations' aims is to keep beta as low as possible by up-to-the-minute, in-depth communication. Beta is, in turn, of key importance when calculating the costs of equity or option premiums. The higher the costs of capital (also see WACC page 228), the lower the company's value using the DCF method.

Advantages	Disadvantages
• Is regarded as a measure of risk	• Based on past figures
• Calculations for the costs of equity (CAPM) are often based on beta	• Can vary strongly over time
	• Depends on time horizon selected

7.18   Beta

Fórmula

$$\frac{\text{Covarianza de la acción respecto del valor comparativo V}}{(\text{volatilidad del valor comparativo V})^2}$$

Ejemplo de cálculo

Debido a la multitud de factores a considerar se prescinde aquí, por razones de simplificación, de la presentación de un ejemplo. Para los ejemplos que siguen más adelante se considera un valor de Beta de 0,9.

Comentario

Beta mide la intensidad de fluctuación (volatilidad) de una acción respecto de un índice durante un cierto tiempo del pasado (p. ej. 90 o 200 días). Para un valor de Beta de 0,9, el valor de una acción aumentaría en 9 % en el tiempo definido, en la medida en que el índice suba en un 10 %. Lo mismo tiene validez correspondientemente, si el índice cae.

Mientras mayor sea el valor de Beta de una empresa, mayor será consecuentemente la volatilidad y con ello el riesgo para un inversor. Objetivo de las Investor Relations es, entre otros, mantener Beta lo más baja posible mediante una comunicación detallada y de actualidad. Este indicador tiene por otra parte gran importancia para el cálculo de los costes del capital propio o primas de Warrants, pues, mientras más elevados sean los costes de capital (ver WACC, pág. 229) de una empresa, menor será, según el modelo DCF, el valor de la empresa.

Ventajas	Desventajas
• Está considerado como medida del riesgo	• Referido al pasado
• Beta se emplea frecuentemente como base para el cálculo de los costes del capital propio (CAPM)	• Puede sufrir fuertes fluctuaciones en el curso del tiempo
	• Depende del horizonte de tiempo elegido

7.19   Cost of equity

Formula

> Risk-free interest rate + (Market risk premium × Beta)

Sample calculation

4.5% + (3.50% × 0.9) = **7.65%**

Explanation

The cost of equity forms the basis for various calculation models (e.g., discounted cash flow, economic value added®) when valuing companies. As equity generally does not generate any direct costs, the cost of equity may be regarded as imputed opportunity costs, i.e., it is the minimum return that could have been generated with the same capital by making other investments.

Long-term government bonds are taken to represent the risk-free interest rate (e.g., 10 Year Government Bond Euroland). The market risk premium is the anticipated additional return from other forms of investment, such as shares. The long-term share return is approx. 8.00%, the risk-free interest rate is approx. 4.50%. This means that the average market risk premium adds up to approx. 3.50%. Multiplying this figure with beta plus the risk-free interest rate provides the cost of equity according to the so-called capital asset pricing model (CAPM).

Advantages	Disadvantages
• Is often used in valuing companies	• A one-factor-model
• Components are simple to explain	• Basis for calculations (index) is not uniform for the market risk premium
• Used for calculating the total costs of capital	• Beta is based on the past
	• Beta depends strongly on the underlying period

7.19 Costes del capital propio

Fórmula

Tipo de interés exento de riesgo + (prima por riesgo del mercado x Beta)

Ejemplo de cálculo

4,50 % + (3,50 % × 0,9) = **7,65 %**

Comentario

Los costes del capital propio son base para los modelos de cálculo de los valores de empresas (p. ej. Discounted Cash Flow, Economic Value Added®). Dado que el capital propio normalmente no produce costes directos, sus costes pueden también ser considerados según cálculo como costes de oportunidad, es decir, como el rédito mínimo que, con el mismo capital, se habría podido obtener con otras inversiones.

Como tipo de interés exento de riesgo se recurre al devengado por los empréstitos a largo plazo de entidades estatales (p. ej empréstitos a 10 años de Euroland). La prima por riesgo del mercado es el rédito adicional esperado como resultado de otro tipo de inversiones, p. ej. en acciones. El rédito a largo plazo de las acciones es del orden de 8 %, el tipo de interés exento de riesgo se encuentra alrededor de 4,5 %. Es por ello que la prima promedio por riesgo del mercado es de aproximadamente 3,5 %. Este valor multiplicado por Beta, más el tipo de interés exento de riesgo, arroja los costes del capital propio según el modelo llamado Capital Asset Pricing Model (CAPM).

Ventajas	Desventajas
• Encuentra frecuentemente aplicación en la valoración de empresas	• Modelo monofactor
	• Base de cálculo (índice) para prima por riesgo del mercado no unitaria
• Las componentes son fáciles de explicar	• Beta se orienta en el pasado
• Sirve para la determinación de los costes de capital totales	• Beta depende fuertemente del período de tiempo considerado

7.20   Cost of debt

Formula

> (Risk-free interest rate + Corporate bond spread) × (1 − Tax rate)
>
> **or (if no rating is available):**
>
> $$\frac{\sum (\text{Long term debt} \times \text{Interest rate})}{\sum \text{Long term debt}} \times (1 - \text{Tax rate})$$

Sample calculation

$$(4.50\% + 0.30\%) \times \left(1 - \frac{594}{1,497}\right) = \mathbf{2.90\%}$$

Explanation

Two methods are used to calculate costs of debt:
If a company has a rating, to calculate the costs of debt analysts calculate the risk-free interest rate (in the Euro-zone generally, for example, the 10 Year Government Bond Euroland, in the US the 10 Year Treasuries) plus the corporate bond spread (risk premium for company bonds), which is derived from the rating and which changes daily depending on the market environment.
However, the costs of debt can also be calculated using an alternate method. For this purpose, the individual credit totals are multiplied by the respective interest rate and divided by total credit. This shows the weighted borrowing rate. For both calculations we must consider the tax effect (interest payments reduce profit and thus reduce taxation).

Advantages	Disadvantages
• Tax effect taken into account	• Hard to calculate if no rating is available
• Can be a component of calculations for total costs	• The respective interest rates for individual credits are not available
• The actual costs of debt are taken into account	• Company's financial risk is reflected only very imprecisely by this figure

7.20 Costes del capital ajeno

Fórmula

(Tipo de interés exento de riesgo + Corporate Bond Spread) x (1 – cuota impositiva) **o (en la medida en que no se disponga de un Rating):**

$$\frac{\sum (\text{suma créditos x tipo de interés})}{\sum (\text{créditos totales})} \times (1 - \text{cuota impositiva})$$

Ejemplo de cálculo

$$(4,50\ \% + 0,30\ \%) \times \left(1 - \frac{594}{1.497}\right) = \mathbf{2,90\ \%}$$

Comentario

Para el cálculo de los costes del capital ajeno hay dos posibilidades:

Supuesto que una empresa posea un Rating, los analistas calculan para la determinación de los costes del capital ajeno el tipo de interés exento de riesgo (en el Euroespacio generalmente empréstitos Euroland a 10 años, en los EE.UU. Treasuries a 10 años), más el Corporate Bond Spread (suplemento por riesgo en caso de empréstitos de empresas), que deriva del Rating y varía a diario en dependencia del entorno del mercado.

Sin embargo, los costes del capital ajeno pueden también determinarse por otra vía, para lo cual se multiplican las distintas sumas de créditos por el respectivo tipo de interés, y se divide a continuación la cantidad así obtenida por la suma de los créditos totales, lo que proporciona la tasa ponderada de los costes de capital ajeno. En ambos métodos de cálculo deberá observarse el efecto tributario (los costes del capital ajeno reducen los beneficios y aminoran consecuentemente la carga impositiva).

Ventajas	Desventajas
• Efecto tributario es considerado	• Difícil de determinar, si no se dispone de un Rating
• Puede servir como componente en el cálculo de los costes totales	• No se dispone de los distintos tipos de interés de las respectivas sumas de créditos
• Los costes reales del capital ajeno son considerados	• Este número refleja de forma sumamente imprecisa el riesgo financiero de la empresa

7.21 Weighted average cost of capital (WACC)

Formula

$$\left(\frac{\text{Total equity}}{\text{Total equity} + \text{Interest-bearing debt}} \times \text{Cost of equity} \right)$$

$$+ \left(\frac{\text{Interest-bearing debt}}{\text{Total equity} + \text{Interest-bearing debt}} \times \text{Cost of debt} \right)$$

Sample calculation

$$\left(\frac{5{,}493}{5{,}493 + 1{,}896} \times 7.65\% \right)$$

$$+ \left(\frac{1{,}896}{5{,}493 + 1{,}896} \times 2.90\% \right) = \textbf{6.43\%}$$

Explanation

WACC (Weighted average cost of capital) is the most wide-spread discount factor on the capital markets used to calculate a company's value. In order to weight the capital costs correctly, as a rule only the interest-bearing liabilities (i.e., no provisions) and the balance sheet equity (alternatively: market capitalization) are used.

WACC has a material impact on the company's value in both the discounted cash flow method as well as in the EVA® model. As a rule,   is between 5% and 10% according to capital structure and industry. In the case of high-growth companies, the higher risk premium can mean that WACC is higher than 10%.

Advantages	Disadvantages
• Used as a discount factor in company valuations	• Indicator oriented towards the past
• Shows minimum return on capital invested (cf. ROIC)	• No uniform method of calculation
• Overcomes disadvantages that are inherent in solely examining interest expense	• Indicator often manipulated

7.21 Tasa ponderada de costes de capital (WACC)

Fórmula

$$\left(\frac{\text{Capital propio}}{\text{capital propio} + \text{capital ajeno sujeto a interés}} \times \text{costes del capital propio} \right)$$

$$+ \left(\frac{\text{Capital ajeno sujeto a interés}}{\text{capital propio} + \text{capital ajeno sujeto a interés}} \times \text{costes del capital ajeno} \right)$$

Ejemplo de cálculo

$$\left(\frac{5.493}{5.493 + 1.896} \times 7,65\ \% \right)$$

$$+ \left(\frac{1.896}{5.493 + 1.896} \times 2,90\ \% \right) = \mathbf{6,43\ \%}$$

Comentario

La tasa ponderada de costes de capital WACC (Weighted Average Cost of Capital) es el factor de actualización más empleado en el mercado de capitales para el cálculo del valor de una empresa. Para la correcta ponderación de los costes de capital se utilizan normalmente sólo el capital ajeno sujeto a interés (por consiguiente sin las provisiones) y el capital propio según balance (alternativamente la capitalización bursátil).

Tanto si se emplea el procedimiento de Discounted Cash Flow o el modelo de EVA®, el WACC tiene una influencia fundamental en la valoración de empresas. El valor de la tasa de costes de capital WACC se encuentra normalmente entre un 5 y un 10 %, dependiendo ello de la estructura del capital y del ramo en cuestión. Tratándose de empresas de gran crecimiento, el WACC puede ser superior al 10 % debido a la mayor prima por riesgo.

Ventajas	Desventajas
• Sirve de factor de actualización para la evaluación de empresas	• Indicador orientado hacia el pasado
• Representa un rédito mínimo sobre el capital invertido (ver ROIC)	• Ausencia de cálculo unitario
• Supera desventajas provenientes de una consideración exclusiva de los gastos por intereses	• Indicador frecuentemente manipulado

7.22 Discounted cash flow method (DCF)

Formula

$$\sum_{t=1}^{n} \frac{\text{Free cash flow}_t}{(1 + \text{WACC})^t} + \frac{\text{Terminal value}_n}{(1 + i)^n}$$

Sample calculation

$$\frac{851.40}{(1 + 0.0643)} + \frac{936.54}{(1+0.0643)^2} + \frac{1{,}030.19}{(1 + 0.0643)^3} + \frac{1{,}133.21}{(1 + 0.0643)^4}$$

$$+ \frac{1{,}246.53}{(1 + 0.0643)^5} + \frac{\dfrac{1{,}246.53}{0.0643}}{(1 + 0.0643)^5} = 4{,}277.29 + 14{,}196.18 = \mathbf{18{,}473.47}$$

Explanation

The discounted cash flow method calculates the current value of the company by adding the present values of cash flows from coming years. In the simplified model, the free cash flows for the coming years are explicitly estimated and discounted (here: 10% increase in annual free cash flow based on year 2, cf. page 84). In order to calculate the terminal value, constant cash flows (without further growth) are assumed for all further years and these are also discounted. The sum of the discounted cash flows and the terminal value then results in the company's value. For calculating the equity value the market value of debt capital needs to be deducted. A problem in the DCF method is estimating the future cash flows and correct selection of the discount factor (as a rule the so-called WACC).

Advantages	Disadvantages
• Used for company valuations	• Very complex
• Overcomes disadvantages that are inherent in purely observing multiples	• The terminal value has a sustained influence on the total value of the company
• Highly variable corporate valuation concept	• Company value can be easily impacted by manipulation (or incorrect estimates) of the capital costs

7.22 Método del Discounted Cash Flow (DCF)

Fórmula

$$\sum_{t=1}^{n} \frac{\text{Free Cash Flow}_t}{(1 + \text{WACC})^t} + \frac{\text{valor residual}_n}{(1 + i)^n}$$

Ejemplo de cálculo

$$\frac{851,40}{(1 + 0,0643)} + \frac{936,54}{(1+0,0643)^2} + \frac{1.030,19}{(1 + 0,0643)^3} + \frac{1.133,21}{(1 + 0,0643)^4}$$

$$+ \frac{1.246,53}{(1 + 0,0643)^5} + \frac{\dfrac{1.246,53}{0,0643}}{(1 + 0,0643)^5} = 4.277,29 + 14.196,18 = \mathbf{18.473,47}$$

Comentario

En el caso del procedimiento de Discounted Cash Flow se determina el valor del momento de la empresa, para lo cual se suman los valores presentes de los flujos de capital de los años venideros. En el modelo simplificado se estiman y actualizan explícitamente los Free Cash Flows de los próximos cinco años (en este caso, 10 % de crecimiento anual, base de partida Free Cash Flow del segundo año, ver pág. 85). Para la determinación del valor residual se suponen flujos de capital constantes (sin crecimiento adicional) para todos los años restantes, los que son a su vez actualizados. La suma de Cash Flows actualizados y valor residual conduce a la obtención del valor de la empresa. El valor de mercado del capital propio se obtiene restando del valor calculado de la empresa el valor de mercado del capital ajeno. En la aplicación del método DCF resultan problemáticas la estimación de los futuros Cash Flows y la correcta elección del factor de actualización (por lo general el llamado WACC).

Ventajas	Desventajas
• Sirve para la evaluación de empresas	• Muy complejo
• Supera las desventajas provenientes de una consideración exclusiva de Multiples	• El valor residual tiene influencia sostenida sobre el valor total de la empresa
• Concepción muy variable para la evaluación de empresas	• Mediante manipulación o (estimación errada) de los costes de capital resulta fácil influenciar significativamente el valor de la empresa

7.23 Economic value added (EVA®)

Formula

> (ROIC − WACC) × Invested capital

Sample calculation

> $(11.52\% - 6.43\%) \times 7{,}389 = \textbf{376.10}$

Explanation

Economic value added (EVA®) is based on the idea that a company only generates value for investors if the return on invested capital exceeds the company's underlying capital costs. This excess return multiplied with the invested capital shows the annual increase or decrease in value of a company. In the above example, the EVA® in year 2 would be 376.10 million, which ceteris paribus should be reflected in an increase in market capitalization by this amount over time.

EVA® should always be used together with a pure observation of the cash flow, because although a company generates positive cash flows, it may still be destroying value and have a negative EVA®.

Advantages	Disadvantages
• In contrast to the cash flow, a company's value generation or destruction can be calculated on an annual basis • Overcomes traditional problems with multiples valuation	• Large number of adjustments possible • Not reasonable in an environment with high inflation tendencies • EVA® should always be considered over time • It is possible that participating interests that may have been acquired from an operational perspective, but which are not fully consolidated are not taken into account

7.23   Economic Value Added (EVA®)

Fórmula

(ROIC – WACC) x capital invertido

Ejemplo de cálculo

(11,52 % − 6,43 %) × 7.389 = **376,10**

Comentario

El indicador Economic Value Added (EVA®) se basa en la premisa de que una empresa solamente genera un valor para el inversor, si el rédito del capital empleado (ROIC) supera los costes de capital (WACC) subyacentes de la empresa. Este sobrerédito multiplicado por el capital invertido proporciona el aumento o decrecimiento anual del valor de una empresa. En el ejemplo de arriba, el EVA®, ascendente a 376,1 mill., sería positivo, lo que ceteris paribus debería reflejarse en el curso del tiempo en un aumento de la capitalización bursátil en esta cantidad.

Además de la pura consideración de los Cash Flows debería siempre recurrirse a este indicador, porque aun cuando una empresa genere Cash Flows positivos, puede reducir su valor y poseer un EVA® negativo.

Ventajas	Desventajas
• A diferencia del Cash Flow permite, incluso sobre base anual, determinar la generación o reducción de valor de una empresa • Supera problemas tradicionales de la valoración múltiple	• Gran cantidad de ajustes son posibles • Inadecuado en un entorno afectado por altas tendencias inflacionarias • El EVA® debería ser considerado en el curso del tiempo • Participaciones llevadas eventualmente a cabo por razones operativas, pero no plenamente consolidadas, quedan eventualmente fuera de consideración

7.24 Market value added (MVA)

Formula

$$\sum_{t=1}^{t=\infty} \frac{EVA_t}{(1 + WACC)^t}$$

MVA = Enterprise value − (Total equity + Total long-term debt & liabilities)

Sample calculation

14,142 − (5,493 + 1,140 + 288) = **7,221**

Explanation

Market value added corresponds to the difference between the current value of the company (enterprise value or, alternatively, market capitalization plus net debt) and the balance sheet value of the long-term capital. As a result, market value added shows the amount that the market is prepared to pay over and above the available balance sheet capital. This means that MVA corresponds to the sum of the discounted current annual EVAs®.

This indicator thus shows the accumulated amount by which the company or the management has increased the shareholder value over time.

Advantages	Disadvantages
• International, cross-industry comparability	• MVA is only suitable for listed companies
• Attaches a value to management performance	• MVA depends on the total market

7.24   Market Value Added (MVA)

Fórmula

$$\sum_{t=1}^{t=\infty} \frac{EVA_t}{(1 + WACC)^t}$$

MVA = Enterprise Value − (capital propio + capital ajeno a largo plazo)

Ejemplo de cálculo

14.142 − (5.493 + 1.140 + 288) = **7.221**

Comentario

El Market Value Added es la diferencia entre el valor del momento de la empresa (Enterprise Value o bien alternativamente capitalización bursátil más endeudamiento neto) y el valor según balance del capital a largo plazo. Por consiguiente, el Market Value added es el valor del importe que el mercado está dispuesto a pagar por encima del valor del capital disponible según libro. Es por ello que el MVA corresponde también a la suma de los futuros EVA® anuales actualizados.
Este indicador revela por tanto el importe acumulado, en el que la empresa o el management ha aumentado el valor para el accionista.

Ventajas	Desventajas
• Posibilidad de realizar comparaciones que rebasan el ámbito del ramo y del país • Medida de valoración de las prestaciones del management	• MVA es solamente adecuado para sociedades cotizadas en bolsa • MVA depende del mercado total

Index / Índice analítico

Index

Index

Índice analítico

Índice analítico

Literature/Bibliografía

Benzel, W. / Wolz, E.	"Bilanzanalyse für Aktionäre", 2.ª edición, Wallhalla Fachverlag, Regensburg / Berlin, 2000
Bussiek, J., Fraling, R., Hesse, K.	"Unternehmensanalyse mit Kennzahlen", Gabler-Verlag, Wiesbaden, 1993
DATEV eG	"Tabellen und Informationen für den steuerlichen Berater", DATEV eG Nürnberg, 2003
Deutsches Steuerberaterinstitut e.V.	"Steuerberater Handbuch 2002/03", Stollfuß Verlag, Bonn, 2002
Gabler	"Gabler Wirtschafts-Lexikon", 14.ª edición, Gabler Verlag, Wiesbaden, 1997
Kruschwitz, L.	"Investitionsrechnung", 9.ª edición, Oldenbourg Verlag, München, 2003
Knief, P.	"Steuerberater und Wirtschaftsprüfer Jahrbuch 2003", 21.ª edición, Deutscher Sparkassen Verlag GmbH, Stuttgart, 2002
Olfert, K.	"Finanzierung", 8.ª edición, Kiehl Verlag, Ludwigshafen, 1994
Olfert, K.	"Investition", 9.ª edición, Kiehl Verlag, Ludwigshafen, 2003
Online	www.ifrs-portal.com, febrero 2005
Ossola-Haring, C.	"Das große Handbuch Kennzahlen zur Unternehmensführung", Verlag Moderne Industrie, Landsberg/Lech, 1999
Perridon, L. / Steiner, M.	"Finanzwirtschaft der Unternehmung", 10.ª edición, Verlag Wahlen, München, 1999
Siegwart, H.	"Kennzahlen für die Unternehmensführung", 6.ª edición, Verlag Paul Haupt, Bern, 2002
Wöhe, G.	"Einführung in die Betriebswirtschaftslehre", 18.ª edición, Verlag Vahlen, München, 1993

EVA® is a registered trademark of Stern Stewart & Co.

Imprint/Pie de imprenta

© cometis publishing GmbH
Unter den Eichen 7, 65195 Wiesbaden, Alemania
Reservados todos los derechos

Primera edición

Idea:
Michael Diegelmann

Concepción:
Michael Diegelmann
Ulrich Wiehle
Michael Rolf

Autores:
Ulrich Wiehle
Michael Diegelmann
Henryk Deter
Dr. Peter Noel Schömig
Michael Rolf

Fotografía de la cubierta:
cometis publishing GmbH

Dirección de proyecto:
Ulrich Wiehle

**Traducción del original alemán al español
orientada en la terminología contable española:**
Herbert Kuhlmann

Responsable:
cometis publishing GmbH
Unter den Eichen 7
65195 Wiesbaden
Alemania

Tel.: +49 611/20 58 55-0
Fax: +49 611/20 58 55-66

E-mail: info@cometis.de

www.cometis.de
www.cometis-publishing.de

Notes / Observaciones

Notes / Observaciones